桑ナビ！

株主優待を使ってとことん楽しむ

Takamitsu Ogawa
小川隆光

文芸社

はじめに──桑名への私ならではの恩返しを！

　三重県桑名市と言えば、すぐ「その手は桑名の焼き蛤(はまぐり)」という洒落言葉が頭に浮かぶのではないでしょうか。

　この桑名の蛤が登場するのは、弥次郎兵衛と喜多八、通称"弥次さん喜多さん"が厄落としに江戸からお伊勢参りの旅に出る十返舎一九が書いた滑稽本『東海道中膝栗毛』の中でのことです。以来、桑名の蛤は日本中に知れ渡ったと言っても過言ではないようですね。

　それほど、桑名と蛤は切っても切れない関係ではありますが、桑名のセールスポイントは蛤だけではありません。蛤以外にもたくさんあります。

　桑名は東海道で42番目の宿場町に当たりますが、実は規模で言うとお隣・愛知の宮宿に次いで第2位の宿場町だったそうです。それ以上に、東海道五十三次の中で唯一の海路を持つ町として有名でした。

　そして、弥次さん喜多さんの旅の目的地であった伊勢神宮へと至る「伊勢国一の鳥居」が揖斐川の「七里の渡し跡」に今も建っていますように、桑名に上陸した途端、伊勢神宮への参道が始まっているというわけです。

　後ほど詳しく紹介しますが、観光名所としては地場の

財閥であった諸戸家の庭園「諸戸氏庭園」や2代目・諸戸清六が造った「六華苑」があります。

　この六華苑には瀟洒な洋館が今も残っていて、映画やドラマのロケ地になることも多いようです。ほかにも、前述した東海道の上陸地点「七里の渡し」や桑名城の掘割を利用した「九華公園」もあります。

　また、文化的な側面では、騒々しいお神楽が鳴り響き、この祭を見た永六輔さんが"日本一やかましい祭"と命名した「石取祭」が毎年8月初めの土日に行われています。この石取祭、有名なのは春日神社ですが、ほかの神社でもそれぞれに趣向を凝らしたお神楽が鳴り響きます。石取祭は「桑名石取祭の祭事行事」の名称で、平成28（2016）年にユネスコ無形文化遺産に登録されましたので、世界的にも有名な祭なんです。

　また、名産品では蛤はもちろん、「東の川口、西の桑名」と呼ばれたように鋳物の製造でも非常に有名で、今も市内にたくさんの鋳物業者が頑張っています。

　私がそんな桑名とその近郊の町を紹介したいと思ったきっかけは、私が現在、勤務している職場が桑名市内にあり、ここ桑名で法人様を含む多くの方々にお世話になっているからでもあります。

　「え？　桑名の生まれだからじゃないの？」ですって。

　はい、残念ながら私は桑名の隣町・いなべ市の生まれ

です。でも、子供の頃から桑名には何度も来ていますし、その後は桑名で働いていますから大目に見て下さい（笑）。

　おっといけない！　これではただの桑名の観光ガイドになってしまいますね。実はこの本はただ桑名市の名所旧跡・名産品を紹介するものではありません。
　何を隠そう、私は十数年前から株の売買をしています。いや、売買をしていると言うより、優良企業の株をコレクションしていると言った方がいいでしょう。
　株で一儲けしようというつもりはなくて、お金を銀行に預けておいても"タンス預金"とさして変わらず特別有利な点はありませんから、少しだけ余裕のあるお金をできるだけ有効利用しようと考えた次第です。
　優良企業の株を所有していると、配当は残念なことにわずかですが、株主優待と言ってお店で使える商品券の類がもらえますし、各地のギフトセットがもらえることもあります。これが一番気に入っている点で、皆さんにも株主優待の良さをもっと知って欲しいと思います。
　飲食業であれば食事が割引になることが多いですし、衣料品会社であればスーツやシャツ、ネクタイや靴を安く買うことができます。
　当然、桑名にも地場の上場企業はもちろん、本社は東京・大阪など別の場所ですけれど、その系列店舗もたく

さんありますので、日々それを使えばお得です。また支払いの際にお店の人に「株主様ですか！　いつもありがとうございます」などと言われることもあって、感謝されるのはなかなか気持ちのいいものです。

　ぜひともお金に余裕のある方は株を買って、株主優待を利用してほしいものです。

　ただし、一言だけ釘を刺しておきますと、銀行預金はほぼ安泰ですが、株は企業の経営状態や世相によってアップダウンがあるのが不安材料です。

　実際、この原稿を書いている時点で、ＣＭなどで有名なダイエットで急成長した企業が経営不振で株価が急落しました。私も冷や汗をかくところでしたが、証券会社の担当者が教えてくれて助かりました。

　その点では少数の会社の株を大量に持つより、分散投資、つまり、たくさんの会社の株を一定数持つことをお勧めします。私自身も分散して株を所有しています。

　このように、株はリスキーな部分もあるので、くれぐれも自己責任でお願いします。しかし、自己責任を理解した上で株を取り扱えば、実に楽しいものです。

　特に年齢を重ねてから株をやると、人間誰しも損はしたくないものですから社会情勢、経済状況が常に気になりますし、新聞や雑誌、テレビのニュース番組も見るようになります。私自身も株の雑誌や『会社四季報』など

を見て情報を入手することが多いです。

　するとどうなるか？　否応なしに頭を使うようになります。これは頭の体操みたいなものですから、ボケ防止にもなっていいのではないでしょうか……。

　家の中に閉じこもらず、常に社会と通じる窓口を開けておくことがボケないための秘訣の一つとも言われていますので、株はそのきっかけにもなると思います。

　そこで本書では、私が所有している株も題材に、株主優待を使えるいろいろなお店や会社を紹介して、全国の方に桑名を知っていただき、ぜひとも桑名にお越しいただきたいと考えたわけです。

　私自身も桑名のいろいろなところで株主優待を利用させていただき、十分楽しんでいることから執筆させていただきました。

　桑名へお越しいただきやすいように、また、カーナビでも検索しやすいように、各店舗、会社の電話番号も掲載しました。1人でも多くの方に、桑名市へお越しいただきたいと願っております。

　　　　　　　　　　　　　　　　　　　小川　隆光

桑ナビ！

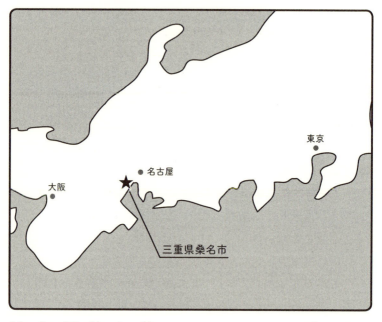

株主優待を使ってとことん楽しむ
contents

はじめに──桑名への私ならではの恩返しを！　3

第1章 わが町・桑名を徹底解剖！ ……………… 13

① そもそも桑名ってどんな町？
　──桑名の歴史と文化をざっと紹介　14

② 一度は訪ねたい桑名の名所旧跡
　──諸戸氏庭園、六華苑、九華公園ほか　27

③ 春夏秋冬……楽しみは1年中
　──石取祭、桑名水郷花火大会など季節のイベント　42

④ 蛤、鋳物以外にもたくさんある名産
　──漁業とものづくりの町・桑名　50

⑤ 屈指の観光スポット「ナガシマリゾート」
　──子供からお年寄りまで3世代が楽しめる　55

⑥ 桑名っ子のオススメ
　──はまぐりプラザ、珈琲ホリ、美鹿山荘ほか　69

第2章 株主優待でとことん楽しむ桑名 …… 85

あみやき亭 桑名江場店 86／いきなりステーキ 三重川越店 87／廻転すし 海へ 桑名店 88／柿安 料亭本店 89／ガスト 桑名店 90／かっぱ寿司 桑名店 91／カレーハウスCoCo壱番屋 桑名国一店 92／銀のさら 桑名店 93／幸楽苑 桑名店 94／ココス 桑名店 95／コメダ珈琲店 桑名中央通店 96／サーティワンアイスクリーム アピタ桑名店 97／サイゼリヤ 桑名店 98／サンマルクカフェ イオンモール東員店 99／ジョイフル 三重員弁店 100／ジョリーパスタ 三重川越店 101／すき家 1国桑名店 102／スシロー 桑名店 103／ステーキ宮 桑名店 104／PRECIOUS BUFFET イオンモール東員店 105／ブロンコビリー 桑名大山田店 106／ほっともっと 桑名江場店 107／マクドナルド 桑名並木通り店 108／松屋 桑名店 109／丸亀製麺 桑名店 110／無添くら寿司 桑名店 111／モスバーガー ながしま店 112／や台ずし 桑名駅前町店 113／吉野家 258号線桑名店 114／らーめん一刻魁堂 朝日店 115／ラーメン山岡家 桑名店 116／リンガーハット イオンモール桑名店 117／和食麺処サガミ 桑名店 118／イオンモール桑名 119／スーパーセンターオークワ いなべ店 120／マックスバリュ 桑名新西方店 121／ミニストップ 桑名インター店 122／

AOKI 桑名店 123 ／アスビー イオンモール桑名店 124 ／TAKA-Q 桑名店 125 ／はるやま 桑名店 126 ／ファッションセンターしまむら 東方店 127 ／洋服の青山 桑名サンシパーク店 128 ／クスリのアオキ 江場店 129 ／ココカラファイン サンシパーク桑名店 130 ／マツモトキヨシ イオンモール桑名店 131 ／エディオン 桑名店 132 ／テックランド 桑名店 133 ／イエローハット 桑名サンシパーク店 134 ／オートバックス 桑名店 135 ／オリックスレンタカー 桑名店 136 ／近畿日本鉄道 桑名駅 137 ／ゲオ 桑名七和店 138 ／三洋堂書店 桑名店 139 ／スポーツデポ 桑名店 140 ／三重交通 141 ／ラウンドワンスタジアム みえ・川越IC店 142

おわりに 143
紹介先一覧（50音順） 145

※本書の情報は2018年11月末日時点のものです。

第1章

わが町・桑名を徹底解剖！

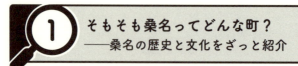

■桑名の名前の由来とは？

　本書は桑名で株主優待が使える店を紹介するものです。
　しかし、優待券を使う前に、まずはとにかく桑名に来てもらわないことにはいけませんから、桑名の良さをアピールすることから始めたいと思います。

　桑名市は三重県の北東部に位置しており、現在、人口は約14万3000人です。地形として特徴的なのは、揖斐川、長良川、木曽川という有名な3本の川（木曽三川）が街の中を流れていることではないでしょうか。この3本の川の河口部の平野に発展した町が桑名です。

　ＪＲ、または近鉄を使えば名古屋から20〜30分の距離ですので、三重県ではあるものの一大商業都市・名古屋のベッドタウンとしても注目されています。
　名古屋のベッドタウンと言っても、現在の桑名駅（鋭意工事中ではありますが……）とその周辺は地方都市の風情そのもので、良く言えば昭和レトロ、悪く言えばひなびた感じは否めません。
　ただし、駅の改札を出て東側に立つ商業ビルは昭和の

第1章　わが町・桑名を徹底解剖！

雑居ビルのイメージそのものなので、私などは見る度に懐かしさがこみあげてきます。

また、駅からほんの数分のところにある、その名も「銀座商店街」などは、天井のアーケードや看板の佇まいからしてまさに昭和の横丁と言ったイメージです。ほんの50〜60メートルの狭い飲食店街ですが、頭上に連なる飲食店の看板は実に絵になります。

こうした昭和レトロな町が好きな人にはたまらないスポットでしょう。

さて、ここで桑名の歴史について少しお話ししましょう。

歴史上、初めて桑名が登場するのは『日本書紀』の壬申の乱（672年）を記した一節の中だそうです。

しかし、漢字が日本に入って来る前から「くわな」という言葉は使われており、その由来には、①天照大神が鳥に化けて桑の若枝に止まったという説や、②桑の木があった場所（桑野＝クワノ）がなまってクワナになったとする説、③『魏志倭人伝』中の「鬼奴国(きな)」に由来する説、④美濃の国との境に桑の木が多く植えてあったという説など、いろいろあるようです。まあ、実際のところは桑名という地を開発した豪族の「桑名首(おびと)」に由来するという説が有力なようです。

それから数百年の時を経て、12世紀末から16世紀末の鎌倉・室町時代において、桑名は交通の要衝として栄えたことが分かっています。室町時代には財力を持つ商人たちが自治を行い、「十楽の津」と呼ばれる自由に商売ができる交易都市を運営していました。

　一方で、地域の豪族によって桑部城・愛宕山城・柚井城など多くの城が建設されています。中でも桑部城は員弁川の南岸の見晴らしのいい高台に建ち、木曽川の河口部や尾張方面を一望のもとに見渡せたそうです。

■日本史でも有名な長島一向一揆

　さて、戦国時代に入ると、歴史上有名な事件が桑名で起こります。

　それが「長島一向一揆」です。

　では、なぜ長島で一向一揆が起きたのでしょうか？

　その訳を簡単にお話ししますと、浄土真宗を開いた親鸞の子孫・蓮如は東海地方で浄土真宗を広める活動をしました。その後、蓮如の子・蓮淳が、文亀元（1501）年に長島の願証寺を開祖します。

　願証寺は東海地方において浄土真宗本願寺教団（一向宗）のリーダー的存在となったのです。

　こうした一向宗の活動をこころよく思わなかったのが、かの織田信長です。

　元亀元（1570）年、大坂の石山本願寺の顕如は、全

国の豪族や僧、寺や檀家に向けて、織田信長との戦いに参加するよう呼びかけました。

そして、長島の願証寺はその呼びかけに応え、願証寺に豪族や僧、百姓たちが立てこもったのです。

こうした事態を受けて、信長は多くの軍勢を引き連れて願証寺を攻めます。元亀2（1571）年、天正元（1573）年、天正2（1574）年の3度にわたって戦いが繰り広げられた結果、同年9月、ついに願証寺は信長に白旗をあげました。

これが有名な長島一向一揆であります。

その数年後、信長は「本能寺の変」（1582年）で明智光秀に暗殺されたことから、桑名・多度・長島の一帯は引き続き瀧川一益が藩主となりました。

翌年、信長の二男・信雄と豊臣秀吉の一派と、三男・信孝と柴田勝家の一派との対立が激化します。瀧川一益は信孝・勝家軍に加わりますが、「賤ヶ岳の戦い」で信雄・秀吉軍に敗れてしまいました。

……その後は紆余曲折があり、説明すると長くなるので省きますが、天正18（1590）年、全国統一をほぼ終えた秀吉は信雄や徳川家康の領地を変えます。

今の愛知と一部の静岡を支配していた家康は関東へ、そして、信雄は家康が支配していた領地に変わるよう命

じられますが、信雄はこれを拒否します。

　このことが秀吉の怒りを買い、信雄は三重から遠く離れた下野国烏山（現在の栃木県那須郡）に移されます。

　その結果、桑名・多度・長島は秀吉が直接支配するようになりました。そして、慶長5（1600）年の「関ヶ原の戦い」の頃には、桑名藩は徳川家康の家来であった本多忠勝が藩主となります。

　本多忠勝といえば"徳川四天王"の1人とされ、戦では連戦連勝で傷一つ負ったことがなかったことから「戦国最強」の名を欲しいままにした武将だそうです。

　やがて、桑名は東海道・美濃街道・員弁街道などの街道が発達し、交通の要衝となります。そして、前述しましたように東海道五十三次の中で日本橋から数えて42番目の宿場町として栄えました。

　さて、本多忠勝は武将として戦に強かっただけでなく、藩主としても立派だったようです。その証拠に、入封早々、桑名城下の徹底的な整備を行いました。

　員弁川と大山田川の流れを変えて外堀に利用したのですが、今でも桑名の中心部には忠勝が行った、この「慶長の町割り」の名残を見ることができるそうです。このあたりは私には正直、よく分からないところではありますが……。

元和2（1616）年、徳川2代将軍・秀忠の長女で家康の孫にあたる千姫が本多忠勝の孫・忠刻と結婚します。千姫と言えば、NHKの大河ドラマ『江〜姫たちの戦国〜』にも登場する江姫の娘ですね。千姫は春日神社に東照宮を作り、祖父・家康の像を納めました。

　その後、忠勝の子・忠政は姫路に移り、次に藩主になったのは徳川家康の異父弟・松平定勝です。

　以降、桑名は松平家が藩主となり、松平定綱の時代には桑名城と城下町がほぼ完成し、「海道の名城」と呼ばれるようになったそうです。

　時は移って江戸末期、日本中が尊王攘夷に揺れる中、藩主の松平定敬が京都所司代となったことから桑名藩は幕府側につきます。幕末には佐幕派の中核をなす、いわゆる「一会桑政権（一橋慶喜、会津藩、桑名藩）」の拠点の一つとなったのです。そのため、江戸城が無血開城となって明治維新を迎えると、桑名藩は解体を余儀なくされました。

　仕方のないこととはいえ、残念なことでもあります。

　そうそう、本多忠勝と言えば、大きな鹿の角のような装飾が付いた兜が非常に有名です。実際、その勇壮な兜を被った銅像が今も九華公園に立っており、桑名の人々を今日も見守っています。

■全国の米相場を決めた桑名の夕市

　さて、この辺で、今度は経済の視点から桑名を紹介しましょう。

　桑名は木曽三川の河口に位置していることから、日本でも指折りの穀倉地帯の伊勢平野と濃尾平野で収穫されたお米の集積地となっていたそうです。

　江戸時代の天明4（1784）年にもなると米相場が始まって、"米の町"としても繁栄しました。

　その後、近代に入って明治27（1894）年12月には桑名米穀取引所が開設されたそうです。以降、昭和6年（1931）年12月に閉鎖になるまで、実に37年間にわたって米相場の取引が桑名で行われていたんですね。

　私も初めて知りましたけれど、この桑名の米穀取引所の出来事で面白いのは、当時の取り引きの様子です。

　その頃、相場の通信連絡には手旗信号が利用されていたそうです。市の北部にある多度山を中継所として、名古屋に値動きを伝えていたと言いますから驚きです。今なら電話1本、いや、メール1本で済むことですね。

　しかも、もっと興味深いことに、当時、国内の主な米の取引所は他に大阪堂島、東京蛎殻町、山口下関の3ヵ所があったのですが、桑名はその中で唯一、夕方にも相場を開いていたそうです。「桑名の夕市」と呼ばれ、当時は相当有名だったようですよ。

しかも、この桑名の夕市によって全国に先駆けて翌日の米相場が決まることから、「桑名の相場が全国の米相場を決める」とまで言われていたのです。

桑名にそんな晴れがましい過去があったとは、驚きと同時に誇らしくなりました。

昭和に入ると、大きな苦難が桑名を襲います。
まずその一つ目が太平洋戦争です。
太平洋戦争では広島、長崎をはじめ日本中の多くの町が甚大な被害を受けましたが、桑名も例外ではありませんでした。

戦争末期の昭和20（1945）年に入って、1月31日、3月11日、5月17日、7月17日、24日 と5度の桑名空襲があり、米軍のB29による爆撃を受けて市街地の約90パーセントが焼失しました。それでもかつての風情は残っていますが、多くの尊い人命が失われたことは残念で仕方ありませんし、亡くなられた方には追悼の意を捧げたいと思います。

その後、昭和34（1959）年9月26日には伊勢湾台風が桑名を襲い、多くの人命や家屋が失われて甚大な被害が発生しました。特に長島町はほぼ全町が水没し、未曾有の犠牲者を出したのです。実に悲しい出来事でした。

そうした悲しい出来事の一方で、喜ばしい出来事ももちろんありました。

昭和38（1963）年に長島町で天然ガスの探査中に温泉が湧出したのです。その結果として生まれたのが長島温泉で、今に至るナガシマリゾートの誕生の瞬間です。

　以上が桑名の大まかな歴史ですが、けっこう有名な出来事もありましたし、人気のある武将とも関係が深いんですね。桑名が近代の一時期、米相場をリードしていたことなどこれまで全く知りませんでした。
　私自身、この本を書くために勉強したことで、桑名のいろいろな顔を新たに知ることができて実に感動いたしました。市民の方はもちろん、桑名と言えば蛤しか知らない県外の方も、より一層、興味を持たれたはずです。

■「東の川口、西の桑名」とは⁉
　さて、そんな輝かしい歴史を持つ桑名ですから、さまざまな名物があるのは当然です。
　まず一番に挙げられるのが蛤でしょうが、蛤については後ほど詳しくご説明しましょう。
　蛤に次いで有名なのが鋳物です。
　今日では「くわな鋳物」として有名です。

　もともと桑名には古くから鋳物の技法が伝わり、明治後期以降は製麺機や水道器具の製造が発達しました。
　そもそも、なぜ桑名で鋳物が発展したか調べてみます

と、その起源は慶長6（1601）年に遡るそうです。

　この年、前述した本多忠勝が桑名藩の初代藩主となってから桑名の鋳物技術が発達したようなんですね。桑名に対する本多忠勝の貢献度は実に大きいのが改めて分かりました。市民だったら九華公園に足を向けて寝られないといったところではないでしょうか。

　それはさておき、本多忠勝が鉄砲製造の命を出したことで、藩の奨励策の下、桑名鋳物が発展したようです。それ以降、鉄砲の他にも灯籠や梵鐘、さらには農具や鍋などが作られたそうです。

　中でも特筆すべきは春日神社に残る日本随一の青銅鳥居ではないでしょうか。鋳物の技術を生かした青銅製の高さ約7メートル、幅約6メートルの堂々とした威容は旅人の目を驚かせたとも言われています。

　この鳥居は、寛文7（1667）年に当時の藩主の命を受け、御鋳物師の辻内善右衛門尉藤原種次が鋳造したものです。なお、江戸時代の桑名には、朝廷から鋳物製造を許可された3軒の御鋳物師と呼ばれる鋳物師が存在していたそうです。江戸時代までは鋳物の製造には朝廷の許可が必要だったようで、これには私も驚きました。

　鋳物の製造が自由にできるようになったのは明治時代に入ってからなんですね。

　明治20（1887）年頃になると、市内に鋳物業者は10工場程度あったと言われています。

同じ頃、従来の工法に代わって導入された天然の砂を使って造形する「生型法(なまがたほう)」が開発されます。すると、鋳物を低コストで造れることが判明し、さらに桑名に隣接する地域（朝日町）で生型法に適した鋳物砂が発見され、鋳物の大量生産が可能となったそうなんです。
　その結果、桑名の鋳物が躍進し、次第に鋳物は桑名の地場産業として確固たる地位を築いていったのです。

　折しも西洋文化が日本に広く普及した結果、銑鉄を使った鍋や釜や焚口（かまどやストーブなどの火の焚き付け口）、アイロンなどの家庭用品の生産が始まります。
　明治後期に入ると、水道器具や製麺機といった機械鋳物の製造が桑名で初めてスタートし、次第に鋳物ミシンなど各種の機械鋳物が造られるようになったことから、日本有数の鋳物産地に発展していきます。
「東の川口、西の桑名」と呼ばれるようになったのもその頃だそうです。

■メインは日用品から工業製品に
　こうして、戦前まではストーブや鍋類、ミシン、ガス器具など実に多くの日用品が製造されていましたが、残念なことに、戦時下で日用品の製造が禁止されます。
　その結果、鋳物業界は機械鋳物への転換を余儀なくされます。しかし、これが功を奏して、第2次世界大戦後

の産業・経済の復興に続いて高度経済成長の波に乗り、さらなる近代化も進んで工業製品や建設材をメインに桑名の鋳物は大きく発展したそうです。

　昭和40年代になると、各種機械鋳物を中心に生産されるようになり、工場数は200を超えて生産量は年間20万トン以上、年間生産金額は300億円を上回る県下最大の産業に成長したというから驚きです。

　その後、桑名の鋳物は、オイルショックや海外製品の台頭、平成20（2008）年のリーマンショック以降の生産量の減少などの影響を受け、平成23（2011）年頃には生産量は年間約3万トン、鋳物事業者は30社ほどに減少。全盛期の約7分の1ですから厳しい状況ですね。

　それでも、桑名では今もたくさんの人が鋳物工場で働き、鋳物に関連する仕事をしています。鋳物の技術や技能、ノウハウは脈々と若い後継者に継承されています。

　また、近年では鋳物の技術を生かしたフェンスや街路灯のほか、桑名の特色でもある「七里の渡し」「桑名の千羽鶴」「蛤」をモチーフにしたマンホールの蓋など、デザイン性を凝らしているものもあります。さらには、後ほど紹介しますように、筋力トレーニングに使う器具を開発したメーカーもあるんです。

　今も桑名の鋳物業界はさらなる技術開発を怠ることな

く、日々精進しているそうですので、私も応援したいと考えております。

　というわけで、桑名の歴史を簡単に紹介させていただきました。私自身もまだまだ知らないことがあって勉強になりました。桑名は実に懐が深い町なんですね。
　次からは、桑名の見所・味処、注目の会社を紹介していきますので、お付き合いください。

第1章 わが町・桑名を徹底解剖！

 2 一度は訪ねたい桑名の名所旧跡
——諸戸氏庭園、六華苑、九華公園ほか

■諸戸氏庭園——立志伝中の人物・諸戸清六とは？

　桑名の名家と言えば、まずは諸戸家の名前が挙がるほどですが、その名前が付いていることからお分かりのように、この公園はかつて諸戸家の邸宅でありました。

　そもそも、揖斐川沿いの風光明媚なこの地には、室町時代に「江の奥殿」と呼ばれた矢部氏の屋敷があったそうです。江戸時代の貞享3（1686）年に豪商の山田彦左衛門がこれを買い求め、拡張整備したそうです。

　それが文明開化後の明治17（1884）年に初代・諸戸清六の所有となったのです。清六は西隣に新しい御殿を建てて池庭を造り、庭園を拡張しました。

　さて、ここで桑名と縁が深い諸戸氏について簡単に説明しておきましょう。
「日本一の山林王」とも呼ばれた初代・諸戸清六は弘化3（1846）年、三重県桑名郡木曾崎の加路戸大新田の諸戸家に長男として生まれました。

　諸戸家は代々、この地で農業を営んでいましたが、清六の父・清九郎が事業に失敗したことで身代を潰してしまったそうです。清六が誕生した翌年の弘化4（1847）

年、一家は慣れ親しんだ土地を離れて各地を転々とし、やがて船馬町に落ち着いて船宿を始めました。

　清六は18歳の若さで家督を継ぎます。

　この時、清六は布団と衣類、家財道具と船1隻を受け継いだのですが、問題は、父・清九郎が残した1000両を越える莫大な借金も受け継がざるを得なかったことです。

　18歳の少年にとっては到底、背負い切れないほどの額の借金であったことは誰しも理解できます。

　しかし、驚くべきことに清六はそれほどの多大な借金をわずか2年で返済するのです。さすが立志伝中の人間はやることが桁違いですね。

　清六がどうやって莫大な借金を返したかというと、そこには前述したように米相場の存在がありました。清六は桑名という地の利を生かして米の買い付けを始めたそうです。そして昼夜を問わず猛烈に働き、すべての借金を返済したのでした。

　まったくお見事としか言いようがありません。

　さて、借金を全額返済するどころか、それ以上に莫大な財を成した清六でしたが、その生活はというと、富豪らしからぬ実に質素なものだったそうです。これもまた清六の人間的に素晴らしい一面かもしれません。

　生涯、質素な生活を貫いた清六ですが、その上、桑名

の住民の生活への手助けも欠かしませんでした。今でいうところの社会貢献ですね。

清六は公共事業への投資を惜しまなかったそうです。

もともと桑名一帯の井戸水は不純物が多いため、飲料水には適しませんでした。そこで清六は独力で水道施設を設置し、一般町民にも開放したのです。

これは後に「諸戸水道」と呼ばれています。また、桑名町内の30カ所以上に消火栓を設けたのも清六でした。

当時、このような設備は東京・大阪などの大都市を除けば非常に稀なもので、全国でも7番目の速さで設置されたと言われているんですね。私自身は諸戸家とは何の関係もありませんが、桑名と諸戸氏にそんなに立派な過去があったとは知りませんでした。

ちょっとばかり鼻が高いというか、桑名の良さを自慢したくなりました（笑）。

そんな諸戸氏が造ったのが今に残る諸戸氏庭園です。御殿の玄関は当時の東京にあった外務省の玄関を模したそうです。さらに、広間は京都にある西本願寺を模していると言われています。

そして、庭園の池は「潮入りの池」と称されたように、海水の干満に応じて景観が変化したそうです。残念なことに現在では海水は入りませんが……。

道路に面した本邸に付属して小さな洋室があります

が、そこはルイ16世様式のフランスのサロン風な調度で統一されているのも必見です。

　また、道路に面して煉瓦造りの倉庫も建っています。

データ
桑名市太一丸18　☎0594-25-1004（諸戸財団）
10:00〜17:00　有料　春・秋に公開

■六華苑──ジョサイア・コンドル設計の洋館

　六華苑は、2代目・諸戸清六の邸宅として大正2（1913）年に完成しました。ちなみに2代目・諸戸清六は初代・清六の4男・清吾で、後に清六を名乗りました。

　この六華苑の何がすごいかというと、設計者がすごいんです。設計者は、あのジョサイア・コンドルです。その名前を聞けば、「おー！」と言って驚く人もいるかもしれませんね。

　そう、ジョサイア・コンドルは明治政府がイギリスから招いた鹿鳴館の設計で有名な大建築家です。鹿鳴館のほかに、東京・神田にあるニコライ堂も彼の設計です。

　そんな名高いジョサイア・コンドルに設計を依頼するんですから、諸戸氏はただの富豪ではなく、優れた見識もあったことが窺えます。これもまた桑名市民の大きな誇りの1つと言っていいでしょう。

　さて、六華苑の洋館は4層の塔屋を持つヴィクトリア朝住宅の様式を基調とした建物です。外観の特徴として

は、東北の隅に立つ4階建の塔屋が印象に残るのではないでしょうか。

　この塔屋、設計段階では3階建てでしたが、それでは揖斐川の堤防に立つ桜並木が見えないという清六の意向で、建設中に4階建てに変更されたそうです。

　洋館は、庭園に面して多角形に張り出した1階のベランダと2階のサンルームが見事です。

　また、諸戸家のお抱え大工であった伊藤末次郎が棟梁を務めた和館は大正元（1912）年に上棟されました。

　当時、洋館と和館を併設する場合は別棟が多かったそうですが、諸戸邸では洋館より広い和館が壁を接して直につながっており、諸戸家の普段の生活は和館が中心だったそうです。その辺はやはり日本人ですね。

　和館の周囲には板廊下が配置され、北側の内庭に面する板廊下と各部屋の間には主人と家族、客人が使うための畳廊下が設けられています。

　そして、建物の南側に位置する芝生の広場と池を中心とした日本庭園には、渓流や滝、"枯れ流れ"などが巧みに配置されています。

　建設当時は庭園東側の水源付近にコンドル設計の中央に噴水を配したバラが咲き誇る洋式円形花壇がありましたが、残念なことに大正末期から昭和初期の改築の際に撤去されてしまいました。完全な形で見てみたかったと

いうのは私だけでないのかもしれませんね。

データ

桑名市大字桑名663-5　☎0594-24-4466
9：00〜17：00　有料　月曜・年末年始休

■七里の渡し跡──伊勢神宮の参道はここから始まる

　六華苑から川沿いに100メートルほど南に歩くと大きな鳥居が見えてきます。それが「七里の渡し跡」です。

　江戸時代は1つ前の宮宿、今の名古屋・熱田神宮の付近にある山崎川の川岸の渡し場から船に乗って、桑名を目指したのです。"七里"ということですから、実に約28キロを船で旅したんですね。

　さて、ここで豆知識ですが、東海道というのは昔々からあったのかと思いきや、江戸と京都を結ぶ東海道が制定されたのは慶長6（1601）年だそうです。その際、桑名宿と宮宿の間は海路七里の渡し船と定められました。桑名〜宮間の所要時間は3、4時間で、潮の

伊勢神宮の参道が始まることから「伊勢国一の鳥居」とも呼ばれる七里の渡し跡の大鳥居

第1章　わが町・桑名を徹底解剖！

干満でコースは違っていたそうです。

　この七里の渡し跡に立つ大鳥居は、この場所から伊勢神宮の参道が始まることから「伊勢国一の鳥居」とも称されています。天明年間（1781〜1789年）に建てられたもので、以来、伊勢神宮の遷宮と同じく20年ごとに建て替えが行われるとのことです。

　この七里の渡し跡一帯は、伊勢湾台風で多大な被害が出たことから、高潮対策工事のために渡船場と道路の間に防波堤が築かれました。その結果、残念なことに古の景観は失われてしまいました。
　その一方で、近年、整備修景工事が行われ、今ではきれいな遊歩道も併設されて、近隣住民にとってはジョギングやウォーキングのメッカとなっています。
　揖斐川の河口にはナガシマリゾートのジェットコースターや観覧車が望め、実に気持ちがいい時間が過ごせますので、ぜひ一度訪ねていただきたいものです。

データ
桑名市東船馬町　☎0594-24-1361（桑名市役所産業振興部観光文化課）

■桑名城城壁──戦国最強・本多忠勝が造った城
　さて、「戦国最強」と呼ばれた本多忠勝が住んだ城、

桑名城とはどんなものだったのでしょうか。ここで詳しく説明しておきましょう。

もちろん、今では城壁と堀しか残っていませんので、城マニアの方もあまり興味がないかもしれませんが、本多忠勝の居城と言えば興味が湧いてくるはずです。

戦国時代、桑名の地には土豪が蟠踞（ばんきょ）し、伊藤武左衛門の東城、樋口内蔵の西城、矢部右馬允の三崎城の「桑名三城」と呼ばれる城があったそうです。

桑名城は東城があった辺りで、永正10（1513）年に伊藤武左衛門が城館を築いたのが桑名城の起源と考えられているそうです。天正2（1574）年に織田信長がこの地を征し、武将の瀧川一益が三城を配下に置きました。

その後、藩主は目まぐるしく入れ替わり、関ヶ原の戦いに勝利を収めた徳川家康は配下の本多忠勝を桑名十万石に封じました。

本多忠勝は入封直後、揖斐川沿いに城郭の建造を開始します。

城には船着場も整備し、4重6階の天守をはじめ51基の櫓、46基の多聞櫓が立ち並んだそうですから、その規模は相当なものだったようです。かつては「扇城」とも呼ばれ、「海道の名城」と讃えられたそうですから、さすが戦国最強の武将ですね。

また、同時に城下町も整備され、築城開始当初は徳川

四天王の1人である井伊直政も家臣を動員して普請の応援を行ったという逸話も残されています。

　以来、桑名城は藩主の変遷を見守ってきたわけですが、残念ながら、元禄14（1701）年に桑名市街地の半分以上を焼く大火に遭い、その際に天守も焼失します。以後、桑名城が再建されることはありませんでした。

　幕末には松平容保の実弟である松平定敬が藩主となり、京都所司代として兄と共に京都の治安を預かりました。そして、大政奉還後の慶応4（1868）年、「鳥羽・伏見の戦い」に敗れた旧幕府軍と共に定敬も江戸に向かいます。

　藩主不在の桑名城では家臣たちが抗戦か、恭順かで大激論となったそうです。結局のところ、どちらにするか議論では結論が出ず、最後は神頼み、つまり、鎮国守国神社の神くじに頼ることになりました。

　その結果、抗戦と決まりましたが、下級藩士の猛反発にあい、結局は無血開城となりました。明治政府軍はその際、辰巳櫓を焼き払って開城の証としたそうです。

　松平定信没後100年にあたる昭和3（1928）年、本丸・二之丸一帯を整備して九華公園となりました。

　今も堀川東岸（三之丸地内）に残る城壁は「桑名城城壁」の一部です。揖斐川に面する川口樋門から南大手橋に至る延長約500メートルが現存し、桑名市の文化財

に指定されています。

データ
桑名市三之丸　☎0594-24-1361（桑名市役所産業振興部観光文化課）

■九華公園──桑名市民憩いののどかな公園

　春の桜、秋の紅葉と、桑名市民の憩いの場となっているのが九華公園です。

　なぜ九華公園かと言うと、九＝ク、華＝ハナ（ワナ）で「クワナ」になると、私は以前教わりました。

　この九華公園、旧桑名城の本丸跡と二の丸跡に造られた公園で、約7.20ヘクタールの広さがあります。とりわけ大きな公園ではありませんが、かつての「海道の名城」の面影を今も残しています。

　揖斐川沿いの水が豊富な場所らしく、堀は公園全体の約6割を占め、水が張られています。そして、堀をまたぐ形で上に多数の橋が架けられています。

　橋の上から堀に目をやると、鴨がすいすいと泳ぎ、鵜が杭の上で休んでいます。天気のいい日などは実にのどかでのんびりした時間が流れる素敵な公園です。

　この九華公園、春の桜と秋の紅葉が見事で、ソメイヨシノやしだれ桜、山桜などの桜が約450本あり、三重県下屈指の桜の名所となっています。

　もちろん、それ以外の季節でも植えられたツツジや花

菖蒲が咲き誇り、ヒラドツツジ、オオムラサキツツジといったツツジが約550本、伊勢系、肥後系、江戸系の花菖蒲が約4000株植わっており、それぞれ満開の季節には訪れた人の目を楽しませてくれています。

4月の「さくらまつり」や5月の「金魚まつり」、6月の「花菖蒲まつり」など、季節ごとの催し物も開かれ、大勢の市民で賑わいますので、ぜひお訪ねください。

データ

桑名市吉之丸5-1　☎0594-21-9932

■桑名宗社（春日神社）──青銅の鳥居が威風堂々とした古社

桑名神社と中臣神社の両社を合わせて桑名宗社（春日神社）と称するそうですが、一般的には春日神社と呼ばれることが多く、市民の間では「春日さん」の名で広く親しまれています。

私と春日神社のつながりで言えば、毎年正月の会社の仕事始めの日ですが、同僚たちと春日神社に初詣に行くのが恒例行事となっています。

旧東海道沿いにあるこの春日神社は、永仁4（1296）年に奈良から春日大明神を勧請して合祀されたもので、古来、桑名の総鎮守として桑名首の祖神が祀られていま

す。

　元を辿ると、桑名神社は平安時代、延喜式神名帳にその名が見える古社であります。御祭神は天照大神の第3御子天津彦根命(あまつひこねのみこと)と、その御子の天久々斯比乃命(あめのくぐしびのみこと)の二柱だそうです。天津彦根命は桑名の開祖として"繁栄の神様"として仰がれています。

　また、中臣神社も延喜式神名帳にその名が見える古社で、桑名神社と共に延喜式内社とされています。

　中臣神社は神護景雲3（769）年に常陸国鹿島社（茨城県の鹿島神宮）より建御雷神霊(たけみかづち)が御通過になったことで祀られるようになりました。御祭神の天日別命(あめのひわけのみこと)は神武天皇御創業の時の功臣で伊勢国造の遠祖として仰がれ、"厄除けの神様"とされています。

　以降、春日神社は繁栄し、織田信長、徳川家康より神領の寄進を受け、本田忠勝、松平定綱など歴代桑名城主から崇敬されてきました。明治元（1868）年の御東行の際や、翌年の東京遷都の際には天皇陛下とその勅使が御泊りするなどされました。

　このように歴史ある神社ではありますが、前述しましたように昭和20（1945）年の戦災で社は全て消失してしまったそうです。その後、氏子崇敬者の深い理解によって立派に再興されるに至りました。

　この春日神社は"日本一やかましい祭"として知られ

る石取祭で有名ですが、他にも、桑名に嫁いできた千姫が奉納した祖父・徳川家康の像もあることから、千姫ゆかりの神社として恋愛成就の祈願に訪れる人も多いとのことです。

データ
桑名市本町46　☎0594-22-1913

■多度大社──お伊勢参りは多度大社とセット

桑名市街から車で北に20分ほど走ると、左手の小高い山の麓に純白の大きな鳥居が見えて来ます。その山が多度山で、その鳥居の先にあるのが「多度大社」です。

お伊勢参らばお多度もかけよ　お多度かけねば片参り

お伊勢参りをしたなら多度大社にもお参りしないともったいない……昔からそう言われていた古社です。

商売繁盛、および雨乞いの神様をお祀りしており、私も子供の頃から初詣は多度大社と決まっています。数え切れないほど何度もお参りしている神社であります。

街道沿いの白い巨大な鳥居から車で10分ほど走って右折すると、その先に多度大社が鎮座しています。石段を登るとそこには神様の使いである白馬がいます。

馬は多度大社のご神馬で、多度大社は「上げ馬神事」

でも有名です。

　この上げ馬神事が始まったのは南北朝時代と伝えられています。

　毎年5月の多度大社の祭の際には数頭の神馬が高さ約2メートルの土壁を駆け上がり、上がった馬の数でその年の豊作を占います。また、毎年秋には流鏑馬の行事も行われています。

　とりわけ上げ馬神事は、私も子供の頃から何十回となく見ています。その度に興奮を隠せない迫力満点の行事ですが、これについては後ほど詳しく紹介します。

　さて、上げ馬神事が行われる参道脇を登って鳥居をくぐり、数分登ったところに本宮があります。本宮は華美さはなく白木の質素でありながら神々しいものです。

　この多度大社は5世紀後半、雄略天皇の御代に御社殿が建てられたそうです。古代には、社殿背後の多度山をご神体としていました。

　天平宝字7(763)年に万願という僧によって神宮寺が創建され、貞観5(863)年に神階が正二位に累進し、延喜式神名帳では名神大社に列し、伊勢国二宮として崇敬されたのです。街道に白くて巨大な鳥居が立っているのも納得の由来ですね。

　本宮の多度神社には、伊勢神宮の御祭神である天照大神の第3皇子である天津彦根命をお祀りしています。そ

して、その御子である天目一箇命(あめのまひとつのみこと)を別宮の一目連神社にお祀りしているそうです。

中世には国司・北畠氏が保護していましたが、元亀2（1571）年、織田信長の長島一向一揆平定の際に兵火により焼失し、慶長10（1605）年に本多忠勝によって再建されました。

多度大社は俗に「北伊勢大神宮」、あるいは「多度大神宮」などとも呼ばれていて、言わば北伊勢地方の総氏神様として崇められているんですね。

江戸時代に入ると、藩主の本多忠勝の莫大な寄進を受け、御社殿等も復興されたといいますから、やはり、本多忠勝は桑名にとってまさに恩人とも言うべき存在かもしれません。私は歴史マニアではありませんからよく知りませんでしたが、これを機に、もっと本多忠勝について調べてみようかと思います。

データ

桑名市多度町多度1681　☎0594-48-2037

③ 春夏秋冬……楽しみは１年中
―― 石取祭、桑名水郷花火大会など季節のイベント

■石取祭――天下の奇祭は"日本一やかましい祭"

　前述しましたように、"日本一やかましい祭"と言われる桑名の「石取祭」は毎年８月の初めの土日に開催されます。土曜日を「試楽(しんがく)」、日曜日を「本楽(ほんがく)」と呼び、江戸時代の初期に始まったとされています。

　桑名城下の町民や藩士が楽しみにしていた真夏の祭なんですね。

　中でも桑名の春日神社の石取祭は盛大に行われていて、「祭車(さいしゃ)（山車）」の総数が実に43台と、全国的に見ても単一の神社、一神事でこれほどの山車が一堂に会する祭は非常に珍しいそうです。
"日本一やかましい祭"と言われるゆえんは、大鉦(だいしょう)（金属製の皿状の楽器）や太鼓を一斉に打ち鳴らすからですが、平成19（2007）年３月には国指定重要無形民俗文化財に指定されました。

　それだけでも嬉しいことですが、平成28（2016）年12月にはユネスコ無形文化遺産に決まったのです。これには桑名市民全員が大喜びしました。

では、石取祭がどんな祭か説明しましょう。

祭車と呼ばれる前輪1、後輪2の3輪形式の山車は総数が43台ですが、祭に参加するのは最大40台です。この数は重要無形民俗文化財の中では最多を誇るそうですが、桑名には日本一が実はけっこうあるんですね。

この祭のキャッチフレーズは"日本一やかましい祭"ですが、それ以外に"天下の奇祭"とも呼ばれています。

そして何より、試楽日の深夜零時に一斉に「叩き出し」が行われるのですが、その音がまさに轟音と言っても過言ではありません。鼓膜が破れるかと思うような凄まじい音が桑名の夜に響き渡ります。

この日のために1年間、溜めに溜めた思いをこの瞬間に発散させるからです。

寝静まった人々を叩き起こすかのような音……などと書きたいところですが、桑名の人間でこの時間に寝ている者は少数ですし、「桑名っ子はこの音を子守唄代わりに眠りにつく」などとも言われています。この轟音が子守唄なんですから、桑名市民は相当頑丈な耳を持っているんでしょうね（笑）。まさに"日本一やかましい祭"の名に恥じない轟音であります。

日が沈むと、豪華絢爛な祭車の灯火が夜空を染め上げながら市内を巡行します。その姿も実に絵になる美しさですので、ぜひご覧になって欲しいと思います。

データ

日程＝8月の初めの土日
春日神社＝桑名市本町46　☎0594-22-1913

■桑名水郷花火大会──1万発の花火が夏の夜空と川面を染め上げる

　夏になると各地でさまざまな花火大会が開かれ、大輪の花火や絢爛豪華な仕掛け花火が夜空を染め上げます。

　ここ桑名でも「桑名水郷花火大会」が盛大に開催されます。

　揖斐川の中洲からスターマインや仕掛け花火のほか、水中スターマインや1尺玉、1.5尺玉、そして、2尺玉が約20発も打ち上げられ、河川敷を埋めた群集の頭上に降り注ぐかのような大輪の花を咲かせます。

　東海地区でも有数の花火大会が桑名水郷花火大会であり、桑名の夏の風物詩となっています。

　私の地元のいなべ市にも花火大会があって、小さい頃から何度も見に行きましたが、初めて桑名水郷花火大会を見た時は、そのスケールの大きさに圧倒されました。夜空を染める色とりどりの花火だけでなく、川面の反射がまた美しい。まさに一幅の絵であります。

　この花火大会は昭和9（1934）年の伊勢大橋の完成記念として始まったそうです。戦時中に一時中断しましたが、現在まで続く伝統ある花火大会です。

毎年7月に行われていますが、平成30（2018）年の大会は豪雨の影響で打ち上げ現場や観覧席が水没してしまい、中止となりました。しかし、どうしても花火が見たいという市民の熱烈な声を受けて、11月の連休に行われたのです。

　毎年、約1万発の花火が1時間半にわたって大空にきれいな花を描く桑名水郷花火大会。ぜひ一度、その眼に焼き付けていただきたいものです。

データ
桑名水郷花火大会　7月下旬開催
http://kanko.city.kuwana.mie.jp/pickup/hanabi/index.html

■多度祭——2メートルの急な崖を神馬が駆け上がる

　さて、本書で紹介した名所旧跡の中でも、私が一番親近感のあるのが多度大社です。特に多度大社の御例祭である「多度祭」は私も大好きで、子供の頃から何度となく訪れています。

　中でも「上げ馬神事」が私の一番のお気に入りです。

　上げ馬神事と書くと、「何だろう？　馬を神様に捧げる祭なん

「上げ馬神事」で馬が一気に駆け上がる急な崖

だろうか」などと思われるかもしれませんが、そうではありません。かなり勇猛果敢な祭なんです。

　まずは、神占いによって選ばれた武者姿の少年騎手6人が神事の1カ月前から神社で身を清めると同時にそれぞれ馬を操る修行をします。

　神事当日、6頭の神馬が順に参道脇の坂を走って来て、最後は高さ約2メートル、90度近い角度の急な絶壁を一気に駆け上がります。その模様を大勢の観客が、坂の両側から大歓声を上げながら見守るのです。

　こう書くと、今度は「そんな急な崖を登れるわけがない。大げさに言っているに違いない」などと思われることでしょう。確かに信じられないかもしれませんが、実物の崖を見たらお分かりいただけると思います。本当にそれくらい急な崖なんです。

　私も子供の頃に初めて見た時はびっくりしました。

　友人・知人を多度大社に連れてきて、「ここを駆け上がるんだよ」と言って崖を見せると、みなさん本当にびっくりされます。口を開けて「えっ！　こんな崖登れるの!?」と、判で押したように言われます。

　ただ、少年騎手が競馬のように馬にムチを打って勢いづかせて駆け登るのとは少し表現が違い、周囲の神職の方々が何人も集まって馬と騎手を押し上げるというのが現実の姿です。それでも、体重何百キロもある馬を押し上げるのですから迫力は相当なものです。

神馬に乗る少年騎手は近隣に住む男子6人が選ばれるのですが、私の知人も選ばれたことがありました。
　また、私が小さい頃には「馬は臆病な動物だから、あんな断崖を登れるわけがない。きっと、酒でも飲ませてほろ酔い状態になって駆け上がらせているに違いない」などと皆で噂したものです。
　さて、少し脱線しましたが、この神事、実は古くから農耕の豊凶を占うものでした。6頭の内、最後まで駆け上がれた馬の数が多いほど豊作となるわけです。近年は、農業だけでなく景気の良し悪しも占っています。

データ
日程＝5月4、5日
多度大社＝桑名市多度町多度1681　☎0594-48-2037

■ちょうちんまつり──幾千もの明かりが幻想的に浮かぶ
　さて、多度大社と言えば、もう一つ、私の大好きな夏祭があります。
　それが毎夏の8月11、12日に開催される「ちょうちんまつり」です。
　夕暮れの多度大社の参道に吊るされた幾千ものきらびやかな提灯が浮かぶ非常に幻想的な祭です。荘厳かつ神秘的な魅力が印象的な桑名の夏の風物詩です。
　特に多度大社は山の中の神社ですので、周囲にはそれほど灯りはありませんから、暗闇に浮かぶ暖かな提灯の

灯りは見る人の心を癒してくれます。

　たくさんの提灯には一つひとつに願いが託されると共に、参拝に訪れた人々が暑い夏を平穏に過ごせるよう祈願する祭でもあります。

　大人から子供まで、訪れる人がみな感動する祭でもありますが、当日は子供に人気のキャラクターショーやビンゴゲームなどさまざまな催し物もあります。小さな子供にとっても楽しめる夏祭ですので、ぜひ訪ねてみて欲しいと思います。

データ
日程＝8月11、12日
多度大社＝桑名市多度町多度1681　☎0594-48-2037

■薫風バラ園──厳選された美しいバラが咲き誇る

　桑名のバラ園と言えば「なばなの里」が有名ですが、あちらはお金がかかります。気楽に無料で楽しみたいという方にお勧めのバラ園が、実は桑名にあるんです。

　それが桑名市蛎塚新田にある「薫風バラ園」です。

　この薫風バラ園は桑名市東方にある薫田(くんだ)工務店の社長で、三重県ばら会会長も務めている薫田靖夫さんが、大好きなバラの趣味が高じて造ってしまったバラ園です。

　薫田さんがバラ園を造ろうと考えたのは平成17（2005）年5月のことでした。岐阜県可児市にある「花フェスタ記念公園」で見た青いバラ（ブルーヘブン）に

感動したのがきっかけです。いろいろな色があるバラですが、実は青いバラというのは作るのが大変難しいんだそうです。それだけでも貴重なバラなのに、薫田さんが見たブルーヘブンは心を奪われるにふさわしい美しさだったようです。

それから3年後の平成20（2008）年5月、薫田さんは敷地面積約600平方メートルの薫風バラ園を開園したのです。

薫風バラ園には約450種、800本以上の厳選されたバラが咲き誇ります。公開時期は春と秋の短い期間ですが、すべてに手入れが行き届いた美しい盛りのバラを愛でることができます。

ちょっとしたトリビアですが、三重県ばら会は「伊勢神宮ばら園」も監修しています。そう書くと、薫風バラ園のバラの美しさが保証されたようなものですね。

選りすぐりのバラが鑑賞できる素晴らしいバラ園ですが、公開時期は短いのでご確認の上お訪ねください。

データ

桑名市蛎塚新田403-1　☎0594-22-2400
日程＝毎年春・秋　10:00～15:00
http://www.kunda.jp/rose/

4 蛤、鋳物以外にもたくさんある名産
―― 漁業とものづくりの町・桑名

■味覚を満足させる名産品――蛤復活に賭けた漁師たち

　本書の冒頭でもお話ししましたように、桑名に来たら蛤を食べずに帰ってほしくありません。桑名市民にとっては、やっぱり蛤が自慢なんです。

　では、なぜ桑名の蛤が有名になったのか、その理由をちょっとだけお話ししましょう。

　一番の理由は何と言っても桑名の地形にあります。

　桑名は市内を木曽三川が流れています。そのため、海岸から沖合いにかけては木曽三川の淡水と海水がほどよく混じる汽水域で、生き物の餌となる良質なプランクトンが豊富に存在しています。ですから、この場所は魚介類の繁殖に最適な場所なのです。

　昔から、桑名の沖合は蛤や浅蜊などの貝や海苔、白魚が豊富に獲れる場所でした。身の大きい上質な蛤がたくさん獲れたのです。

　桑名産の蛤は「大和ハマグリ」といって、

桑名市民自慢の名産品「大和ハマグリ」

外国の「チョウセンハマグリ」とは異なります。大和ハマグリの特徴は貝の表面がツルツルで艶があり、形は左右対称ではなく「へ」の字をして、厚みもあります。外国の蛤と違って殻は薄く肉は柔らかいのだそうです。

そうそう、蛤は非常に健康にいいんです。血液を作る鉄分やカルシウムなどのミネラルが多く、血液中のコレステロールや中性脂肪を減らす物質（タウリン）を含んでいますから、血液の浄化作用もあります。

さらに、浅蜊や蜆（しじみ）同様に強肝作用がありますから、二日酔いにもいいんです。私はお酒をたしなみませんけれど、酒豪の方にはもってこいですね。

このように、桑名と言えば蛤と言われるほどの存在でしたが、実は昭和の一時期、蛤が獲れなくなったことがありました。

その原因は揖斐川にできた河口堰と、干潟の干拓です。河口堰ができて漁獲高が減りつつある中、木曽川河口で一番の漁獲高を誇った干潟が工場誘致のために埋め立てられてしまったそうです。

その結果、昭和40（1965）年頃には約3000トンあった水揚げ高が、平成7（1995）年には驚くべきことに1トンを切るほどまでに激減したのでした。

これに困ったのが蛤漁で生計を立てていた赤須賀（あかすか）の漁師たちです。廃業する漁師もたくさんいたそうですが、

そんな中、赤須賀の若い漁師たちが「後世に蛤を残したい」と考えて、蛤の種苗生産（貝の子供を人工受精させて育てること）にチャレンジしたのです。昭和51（1976）年頃から工場のような建物の中に水槽をいくつも用意し、そこで蛤の養殖に挑んだのでした。

当然、最初は失敗の連続でしたが、数年後には受精に成功します。当初は1200個ほどしかできなかった稚貝が、近年では100万〜200万個できるようになり、木曽三川の河口に放流しているそうです。

そうして再び、桑名は蛤の名産地としての名声を取り戻したんです。今も赤須賀の漁師たちは漁船で海に出て、「振りカゴ」や「チャンチャン」「ウンテン」などと呼ばれる道具を使って蛤を獲っているそうです。

桑名の蛤にそんな涙の歴史があったとは！　私もこれからより一層、蛤を大事に食べたいと思いました。

ほかにも桑名にはなばなや海苔、トマト（ハウス桃太郎）、柿、みかん、サツマイモ、タケノコなどの名産がたくさんありますので、ぜひ味わってみてください。

■職人の町・桑名の伝統とは──「かぶら盆」「萬古焼き」「桑名の千羽鶴」

さて、伝統技術的な側面から桑名を見ると、最初に挙がるのは何と言ってもくわな鋳物ですが、これについて

は先ほど詳しくお話ししましたので割愛します。

　木曽三川の河口に位置する桑名は、濃尾平野の米のほかにも、木曽の山中で伐採された木材の集積地としても栄えました。
　そのため、桑名では木工品の製作が盛んだったそうです。そして、タンスなどの家具や仏壇のほか、和太鼓やお盆などさまざまな工芸品が作られてきました。
　中でも有名な物の1つが「かぶら盆」です。
　かぶら盆は「桑名盆」とも呼ばれていますが、丸い漆の盆にかぶら、すなわち野菜のかぶの絵が描かれているのが特徴です。
　このかぶら盆、第11代将軍・徳川家斉のもとで老中として寛政の改革を行った白河藩主・松平定信が、文人画家の谷文晁にかぶの絵を描かせたことに起因します。
　松平定信はこのかぶら盆をこよなく愛し、幕府にも献上されているそうです。

　ほかにも江戸時代に「萬古屋（ばんこや）」という回船問屋を営んでいた桑名の豪商で、茶道にも造詣が深かった沼波弄山（ぬなみろうざん）によって元文年間（1736〜1740年）に初めて作られたという「萬古焼き」も有名です。
　私も詳しいことは知りませんが、萬古焼きというのは陶器と磁器の中間の性質を持つ焼き物だそうで、耐熱性

に優れた葉長石（ペタライト）という材料を使った焼き物で土鍋や急須などが有名だということです。

特に蒸し鍋やタジン鍋、煮込み鍋など日本で普及している土鍋の約8割は萬古焼きだそうですから、みなさんも一度は目にしているだけでなく、もしかしたらご自宅のキッチンにあるかもしれませんね。

最後に、「桑名の千羽鶴」について紹介しましょう。

桑名の千羽鶴は1枚の紙から複数の連なった鶴を折る技法なんです。

そう説明してもピンと来ないかもしれませんが、2羽から最高で97羽まで連続した鶴ができるんです。これには私も驚きました。もちろん、1枚の紙をそのまま折るのではなく、それぞれの種類に応じてハサミで切り口を入れて、鶴をいくつも折っていくわけです。

この桑名の千羽鶴の起源は江戸時代の寛政9（1797）年に遡ります。数羽の鶴を横につなげたり、円形につなげたり、あるいは親子のように鶴の背中に小さな鶴が乗ったりするようなものから、五層に積み重なったもの、さらには曼荼羅のように大小さまざまな鶴が何十羽もつながっているという驚異的なものまであります。

初めて見た人は、「え！　これが1枚の紙からできているの！」と驚かれること必至ですので、機会がありましたらぜひ1度見て欲しいと思います。

第1章　わが町・桑名を徹底解剖！

屈指の観光スポット「ナガシマリゾート」
——子供からお年寄りまで3世代が楽しめる

　桑名のレジャースポットと言えば、いの一番に挙がるのが、桑名市長島にある「ナガシマリゾート」でしょう。
　私も何度か訪れたことがありますが、温泉はもちろん、実に楽しい時間が過ごせる場所として自信を持って全国のみなさんに紹介したいと思います。

　ナガシマリゾートが誕生したのは昭和39（1964）年11月のことでした。当時は「グランスパー長島温泉」という名称で、開業以来半世紀以上の年月が流れました。

あらゆるレジャーが集まるゴージャスな「ナガシマリゾート」（提供：長島観光開発株式会社）

今もって近隣住民のみならず、関西、あるいは関東から訪れる方も多く、小さな子供から年配の方まで家族3代で楽しめるレジャー施設として愛されています。

　現在のナガシマリゾートは広大な敷地の中に、さまざまなアトラクションが揃った遊園地や巨大な海水のプールが用意されただけでなく、訪れる人のニーズに合わせて選ぶことができるホテル、そして、もちろん原点とも言える充実した温泉施設が完備されています。
　また、近隣には花と緑が豊富で、晩秋から春にかけては絢爛豪華なイルミネーションが楽しめる「なばなの里」もあります。
　ナガシマリゾートは、言わば現代人が望むあらゆるレジャーを1カ所に集中させた実にゴージャスなリゾート施設です。

■ナガシマスパーランド──絶叫マシンの宝庫
　さて、まずはナガシマリゾートの中核である「ナガシマスパーランド」から紹介することにしましょう。
　ナガシマスパーランドは約24万平方メートルと広大な敷地面積を誇ります。その中には子供から年配の方まで楽しめるアトラクション設備がたくさんありますが、何と言っても"売り"はジェットコースターです。
　実はナガシマスパーランドは全国でも有数の絶叫マシ

ンの宝庫だそうです。私のような高齢者にはあまり縁がないですが、国内外の絶叫マシン愛好家からは「東の富士急(ハイランド)、西のナガシマ」などと称されているそうで、これは私も知りませんでした。

　現在、園内のローラーコースターの総数は大小含め12機種もあって、これは何と日本一なんですね。

　その一端を紹介しますと、超コースターの「スチールドラゴン2000」、超大型フライングコースターの「アクロバット」、4Dスピンコースターの「嵐」など、半端ないスピードとスリル満点の乗り物が用意されています。

　中でもスチールドラゴン2000は、平成12(2000)年8月の営業開始当初、最高部高度97メートル、最大落差93.5メートル、最高速度時速153キロ、総走行距離2479メートルの4項目でギネスに認定されたそうです。まさにモンスター級のローラーコースターなんです。

　今では最高部高度・最大落差・最高速度は記録を奪われましたが、総走行距離は記録を維持しています。

　ほかにも「大観覧車オーロラ」やメリーゴーランドなど、恐いのは苦手という女性や小さな子供、高齢者でも楽しめる乗り物もたくさんあります。特にオーロラはその立地条件を最大限に生かして、頂上付近からは広大な海の絶景が楽しめます。

　アトラクションに乗らずとも、春には園内に植えられた数百本の桜が咲き誇る夢のような光景も楽しめます

し、夏の屋外プールの「ジャンボ海水プール」は若者や家族連れに大人気です。夜間営業ともなると、花火と乗り物のイルミネーションが鮮やかな空間を作り上げてくれますので、四季折々の楽しみ方ができます。

　ナガシマリゾートの年間入場者数は約1530万人（2017年）で、東海地方における主要レジャー施設の中では11年続けて首位をキープしています。
　全国のレジャー施設と比較しても、関東の「東京ディズニーランド」や「東京ディズニーシー」、大阪の「ユニバーサル・スタジオ・ジャパン」に次ぐ利用者数だそうですから、これは桑名市民の誇りと言ってもいいでしょうね。

　それほどの人気スポットですから、ゴールデンウィークやお盆などは特に来園者が多く、その時期にはとりわけ人気が高いスチールドラゴン2000には行列ができて、2時間以上待つこともあるそうですから驚きです。

ジャンボ海水プール

　夏になると大人気なのがジャンボ海水プールです。
　このジャンボ海水プールは、総面積7万5000平方メートルというスケールを誇る日本最大級のプールです。
　実は桑名は海に面していますけれど、付近には大規模

第1章　わが町・桑名を徹底解剖！

総面積7万5000平方メートルというスケールを誇る日本最大級の「ジャンボ海水プール」（提供：長島観光開発株式会社）

な海水浴場があまりないんです。そのため、このジャンボ海水プールは施設の中ながら、自然の海水浴場の雰囲気が楽しめる場所として大好評です。プールの水は伊勢湾の海水を浄化して利用しているため、安全で清潔な海水浴が楽しめます。

　広さも面白さも日本最大級で、ただ砂浜を模しただけでなく、若者に人気のアトラクションもあります。

　それが「トルネードスライダー」で、このスライダーのレーンは何と12本もあるそうですから驚きです。ほかにも68度という急斜面を急上昇と急降下する世界最大の6人乗りウォータースライダー「ブーメランツイスト」や、4人乗りボートで急流下りが体験できる「ビッ

グワンスライダー」もあります。これら3つはナガシマリゾートが世界に誇る「3大スライダー」と呼ばれています。

　また、広さ5000平方メートルという大規模なプールで、まるで海のような大波も体感できる「サーフィンプール」のほか、人気の「流水プール」に加え、平成30（2018）年の夏にはダイナミックな巨岩が連なる峡谷のような「超激流プール」も新登場して早くも人気となりました。

　ほかに、3つの巨大なバケツから6トンの水が流れ落ちる世界最大級の水遊びエリアの「ジャパーン」のほかアスレチックの雰囲気が楽しめるプールの「ぴょん・ぴょん・ドボン！」や「温泉プール」まで、ユニークなプールが揃っています。

　もちろん、こうした若者向けのアトラクションばかりではありません。小さな子供とその親も安全・安心に楽しめる屋内型の子供専用プールも好評です。

　これらプールは日帰りでも楽しめますが、当然、これだけの数のプールとアトラクションがあったら1日で回り切ることはできません。

　何日も連泊して、文字通りリゾート暮らしを満喫したいものです。そのために、ナガシマリゾートには、心も体もゆったりできる天然温泉を備えた純和風の「ホテル花水木」など、全部で4つの個性的なホテルが用意され

ています。4ホテル合計で400室、約1800人という収容人数を誇るホテル群が楽しい時間を約束してくれます。

データ
桑名市長島町浦安333　☎0594-45-1111
http://www.nagashima-onsen.co.jp/spaland/index.html/

■長島温泉　湯あみの島──17種類の露天風呂や岩盤浴

　ナガシマリゾートに来たら温泉に浸かりたい、そう考える人は多いはずです。いや、ほとんどの人がそう考えるでしょう。

　だからこそ、日本最大級の温泉「湯あみの島」が用意されています。

　この湯あみの島は、約3万3000平方メートルという広大な園内で大自然露天風呂など17種類の露天風呂や内風呂が楽しめるほか、女性に人気が高い6種類の岩盤浴もあるそうです。まあ、岩盤浴自体、私自身よく知りませんが……（笑）。

　湯あみの島は大きな露天風呂が何よりの魅力ですが、それだけでなく、温泉の原点とも言える大自然の景観が味わえるようになっているのがすごいところです。

　まず、野趣満点の渓谷美を再現した男湯の「黒部峡谷の湯」には8種類の湯船がありますが、いずれも富山県の黒部峡谷をイメージしています。女湯は「奥入瀬渓流

の湯」で、こちらは9種類の湯船があります。
　コンセプトはいずれも「光・水・緑・石の調和による本格的温浴施設」だそうで、渓谷の大自然を再現・造成することで、身近でありながら非日常空間の温泉体験ができる施設を目指したそうです。
　圧巻なのは庭園に配置された緑ですが、真の自然を創り上げることを目指して、実際に標高の高い山中で育った樹木が大量に用いられているそうですから驚きです。
　石なども良質の自然岩を使用するために岐阜の木曽や尾鷲の渓谷、奈良・十津川の渓流から総重量1万3000トンもの天然岩を運んだというこだわりです。
　なお、源泉は1日約1万トンと豊富に湧く「アルカリ性単純温泉」で、さらりとした肌触りをしています。無色透明の湯には湯の華が舞うこともあり、豊富な湯量で名前の通り贅沢な"湯浴み"が体験できます。
　こうした景観を重視した風呂だけでなく、家族風呂やバリアフリー風呂などあらゆる世代の方がゆったり過ごせる風呂も用意されていますので、家族の一家団欒はもちろん、高齢者や身体の不自由な方でも楽しめます。

　温泉にゆったり浸かった後は、岩盤浴やリラックスルーム、ボディケアなども用意されているので女性にとってはうれしいですね。
　もちろん、女性が岩盤浴やボディケアをしている間、

第1章　わが町・桑名を徹底解剖！

放っておかれる男性はお酒やグルメ、歌謡ショーなどを大広間で楽しむことができます。和食や麺類、中華など多彩なグルメに舌鼓を打つこともできますし、温泉とグルメがセットになったお得なプランが用意されているのもポイントが高いのではないでしょうか。

🔲データ
桑名市長島町浦安333　☎0594-45-1111
http://www.nagashimaresort.jp/yuami/index.html/

■なばなの里──花と緑、イルミネーションの宝庫

　ナガシマリゾートが運営する「なばなの里」は、豊かな自然と多彩な施設が調和した広大なオアシスのような場所です。晩秋から春にかけては美しいイルミネーションが有名で、世界中からツアー客が押し寄せます。

　東海地区では最大級という花畑（1万3000坪）を有し、春から秋にかけてチューリップやバラ、アジサイやコスモス、ダリアなどの季節の花が存分に楽しめます。
　花が少ない冬場の10月〜翌年5月頃までは煌びやかなウインターイルミネーションを楽しむこともできます。
　ウインターイルミネーションは毎年テーマが変化するので、その時々で趣向の変わった"光の祭典"を楽しむことができますし、何より全長約200メートルもの「光のトンネル」は大人気となっています。

園内には地ビールの醸造所と地ビールレストランのほか、和・洋・中・伊のレストランもあるほか、庭園風呂と露天風呂が人気の長島温泉「里の湯」もありますので、広い園内で日がな1日、花と温泉とイルミと食事を楽しむことができる、実に便利なスポットになっています。

ベゴニアガーデン

　日本最大級の4棟の温室の中に、棚に並んだ鉢植えの大輪の1輪咲きのものから、天井から吊り下がった群生の小さなものまで大小さまざまな世界中のベゴニアが1年中咲き誇っています。

　温室内は28度を維持し、大輪のベゴニアは傷んだり、虫に食われたりしたものから順次取り替えられ、常に美しい花が並ぶようスタッフが日々手入れしています。

　ほかにも、約800種類4000本の世界中のバラが咲き誇る「バラ園」や、春から初夏にかけては50種類約7万株の紫陽花と200種約8000株の花しょうぶが咲き誇る「あじさい・しょうぶ園」もあります。

ウインターイルミネーション

　近年、冬になるときらびやかなLED照明を駆使したイルミネーションが街を賑わわせています。

　なばなの里の冬の風物詩とも言える「なばなの里イル

ミネーション」はスタート以来大好評で、近畿圏での人気はもちろん、全国でも5指に入ると言っても過言ではないほど大人気だそうです。

　なばなの里イルミネーションを一躍有名にしたのが全長200メートルの「光のトンネル」です。

　平成18（2006）年に登場したもので、可愛い花びらを象った暖かな灯りを基調としたLED電球が華やかな空間を彩ります。点灯中は人の波が絶えないそうです。

　また、ビール園前の池にこしらえられた「光の雲海」は一面ブルーのLED電球で演出された光の花壇となっています。まさに青い光の雲海が夜を彩ります。

　さらに、チャペル前にある2本のシンボルツリーは高さ約20メートルの天然のヒマラヤ杉の巨木です。

　光のトンネルの点灯式は、このチャペルの鐘の音を合図に行われているそうですが、クリスタルホワイトに彩られたゴージャスなツリーとパステルカラーの青いツリーは人気のフォトスポットだそうです。

　皆さんも冬の時期に桑名にやって来たら、ぜひ訪ねてみることをお勧めします。

データ

桑名市長島町駒江漆畑270　☎0594-41-0787
http://www.nagashimaresort.jp/nabana/index.html

■ナガシマカントリークラブ──多度山の丘陵地に広がるゴルフコース

　私が住むいなべ市にあるのが「ナガシマカントリークラブ」です。私も何度か接待で使わせてもらったことがありますが、とても素晴らしいコースで、お得意様も良い成績が出て非常に喜んでくださり、その後の契約に役立ったという嬉しい思い出しかありません。

　このナガシマカントリークラブは多度山系に連なる緑豊かな丘陵地に広がるゴルフコースです。
　それぞれに個性を競う3コースを設計したのは正統派のコース設計家としても名を馳せる杉本英世プロです。天与の地形を生かした美しい眺望と、杉本プロのゴルフ精神にのっとったフェアなコース設計が、ホールごとにチャレンジ精神を誘う奥深さを醸し出しています。
　コースを取り巻く豊かな四季の自然と、ヨーロッパ調の瀟洒なクラブハウスもゴルフの楽しみを倍増させてくれるのは間違いありません。
　私も大好きなゴルフコースの1つです。

データ
いなべ市員弁町市之原2164　☎0594-74-4111
http://www.nagashima-onsen.co.jp/data/j2_1.html

■三井アウトレットパーク　ジャズドリーム長島──株主優待を使うならココ

平成14（2002）年3月に誕生したのが「三井アウトレットパーク　ジャズドリーム長島」です。

300を超えるさまざまな専門店が揃った超大型の商業施設で、伊勢湾岸自動車道湾岸長島インターチェンジから2分という距離にあるのもうれしいところです。

国内外の有名メーカー＆ブランド、セレクトショップが揃っていますし、フードコートも充実しています。

データ

桑名市長島町浦安368　☎0594-45-8700
https://mitsui-shopping-park.com/mop/nagashima/

■名古屋アンパンマンこどもミュージアム＆パーク──小さな子供とその家族は大興奮

漫画家のやなせたかしさんが生み出した子供に大人気のヒーローと言えば、アンパンの顔をしてみんなを助け、悪を懲らしめるアンパンマンですね。

そのアンパンマンの世界を体験できるミュージアムが「名古屋アンパンマンこどもミュージアム＆パーク」です。小さい子供を持つ親子連れには特に大人気で、いつも笑い声が絶えない場所でもあります。

ジャムおじさんの工場でアンパンマンの顔を作ることができる「パンこうじょうの丘」など、家族連れが大喜

びするアトラクションがたくさん用意されています。

桑名市長島町浦安108-4　☎0594-45-8877
http://www.nagoya-anpanman.jp/

第1章 わが町・桑名を徹底解剖！

6 桑名っ子のオススメ
——はまぐりプラザ、珈琲ホリ、美鹿山荘ほか

■はまぐりプラザ——はまぐり尽くしの料理が味わえる

　揖斐川・長良川に面する赤須賀地区にある「はまぐりプラザ」は、堤防や水門の改修工事に伴って移転対象となった公民館と漁港事務所に加え、漁業交流センターの役割を併せ持った施設として平成22（2010）年にオープンしました。

　1階には蛤漁のことが分かる展示ルームがあって、そこでは漁師町・赤須賀と蛤漁の歴史や、前述した蛤の復活を期して赤須賀漁師が挑戦した種苗生産の一部始終の資料が展示されています。

　また、江戸時代の桑名の蛤漁が記された文献や、実際に使われていた蛤漁の道具などが展示されていますし、漁の全容を記録したビデオを見ることもできますので、蛤漁とはどういうものかを学ぶこともできます。

　さて、はまぐりプラザを訪れたら、ぜひ足を運んでいただきたいのが食堂「はまかぜ」です。

　ここでは目の前の赤須賀港で水揚げされた地元産の蛤がさまざまな料理法で味わえます。

　私のお勧めは「焼はまぐり定食」（要予約）です。焼

き蛤はもちろん、フライ、磯辺揚げ、浅蜊の炊き込みご飯、蜆汁などが味わえる贅沢な定食です。

　特に目の前のコンロで焼く蛤は絶品で、ぷっくりして柔らかく、ジューシーで、「これぞ蛤！」と言った食べ心地です。他に私の好みは蛤の身を海苔で挟んで素揚げした磯辺揚げで、口に入れた瞬間、磯の香りが口の中にふわっと広がります。

　そのほか、「はまぐり丼」や「はまぐりうどん」「はまぐりの串揚げ」「酒むし」など、これでもかというほど蛤を味わうことができます。

データ

桑名市大字赤須賀86-21　☎0594-22-6010
9:00～21:30（一部は17:00まで）　年末年始休
食堂「はまかぜ」は11:30～13:30　火曜休

■珈琲ホリ——コーヒー通にお勧めしたいカフェ

　近年、コーヒーがブームになっていると聞きます。アメリカ資本のコーヒーチェーンが大人気で、もちろん、桑名にもありますが、一方で、後述するお隣・名古屋生まれの「コメダ珈琲店」も大人気です。

　ですが、ここ桑名で私が一番大好きな喫茶店と言えば、やはり「珈琲ホリ」です。市内と近郊に全部で5軒ありますが、私は国道１号線沿いにある本店によく行きます。

珈琲ホリは現社長の堀祐輔さんの父・隆和さんが昭和43（1968）年に創業したそうです。祖父母が営んでいた青果商の敷地の一角で、当時ブームになっていた喫茶店を始めたのがきっかけとか。

祐輔さんは神戸にある老舗喫茶店で修業した経験を持つ筋金入りの珈琲職人で、「焙煎したて・挽きたて・入れたて」の"3たて"にこだわり、注文を受けてから1杯1杯心を込めて淹れるサイフォンコーヒーが自慢です。

こだわりが強いだけにコーヒーの種類も豊富で、ホリブレンド珈琲やスペシャルティ珈琲などがあり、それぞれ焙煎の度合いやコーヒー豆の配合が違います。

私がいつも注文するのは、人気ナンバーワンの「ホリブレンドNo.18」です。

店主曰く、「1万5000杯の失敗の中から試行錯誤の末に辿り着いた唯一無二のブレンド珈琲」だそうですが、まろやかで一口飲んだ途端、珈琲の香りが口中に広がります。1杯450円ですが、お代わりは280円になるのもうれしいところです。

また、珈琲以外のメニューも人気で、ホリクラシックワッフルは30年来のヒット商品で、私も大好きです。

コクがあるのに低カロリーで人気の「純生ホリロール」と「伊勢国桑名ロール」もお気に入りで、ふわふわ

の生地と滑らかなクリームが口の中で溶けていきます。
「一杯の珈琲で人に幸福を」が創業の精神で、店員の対応も素晴らしく、アンティーク調の店舗も落ち着くので、ついつい長居してしまう居心地のいい空間です。

データ
本店　桑名市中央町2-11　☎0594-22-3098
7:30～22:00　無休
https://www.rakuten.ne.jp/gold/hori-coffee/

■美鹿山荘——桑名名物「たがねせんべい」と「カレーのおせんべい」が大人気！

前述しましたように、桑名は周囲に米どころが控えるだけあって米菓も名産品の一つですが、中でも人気なのが美鹿山荘の名物「たがねせんべい」です。

桑名の手土産として地元の人々に広く愛されています。美鹿山荘は製造元の山盛堂本舗の直売店として平成2（1990）年に設立された会社で、山盛堂本舗創業者の益山繁春さんの長女・典枝さんが社長を務めています。

厳選された国産のもち米やうるち米を蒸し籠で蒸し、杵でついた生地を1枚1枚丁寧に焼き上げ、濃厚生引きたまり（長期間じっくり熟成発酵させたたまり醤油）と自然素材の調味料を使用したたがねせんべいは、長年にわたり地元桑名の人々に愛されている逸品です。

中でも1番人気は意外や「カレーのおせんべい」だそ

うです。ほかにも、「グリーンカレーのおせんべい」や「プレミアムトマトカレーせんべい」などユニークなラインナップになっています。

このカレーのおせんべいは、和風カレーたれにブラックペッパーを利かせたスパイシーな味わいで、子供から大人まで大人気です。たがねせんべいとのセットもあり、お茶請けから酒のつまみまで何でも合います。

データ
桑名市多度町香取291　☎0594-48-5615
9：00～17:00　日曜休
https://www.biroku.com/

■花乃舎——茶道各流派もひいきにする桑名の名店

桑名市南魚町にある「花乃舎」は、桑名のみならず三重きっての高級和菓子店として遠方までその名が響き渡っています。

桑名を代表する和菓子「都饅頭」の他、羊羹を羽二重餅で挟んだ「志がらみ」、お椀に入れて熱湯を注ぐとお汁粉になる「蛤しるこ」などが人気です。

花乃舎の創業は明治7（1874）年ですから、すでに140年以上の歴史を誇ります。現在は5代目の水谷景一さんとその息子の幸平さんが頑張っています。

店主の一族は和菓子店の前、代々"いさばや"と呼ば

れる魚問屋を営み、桑名藩の御用所として繁盛していたそうです。"いさば"とは魚の意味なんですね、私も初めて知りました。

　それが江戸時代の終焉と明治時代の幕開けとほぼ時を同じくして、和菓子店に転業したそうです。

　当時の主人（初代）が茶道に通じており、京都にも足繁く通っていたことから、京都の和菓子の名店から職人を呼んで和菓子店を創業したのがきっかけだそうです。花乃舎の屋号は権大納言久我通富卿からいただいた由緒正しいものということです。

　また、初代とその息子は京都の職人から和菓子作りの技術を学びました。以来、花乃舎では和菓子職人が作るのではなく、代々、主人自ら和菓子の修業に励み、職人と共に1点1点、丁寧に作り続けています。

　前述した桑名の豪商・諸戸家とも縁が深いことから、諸戸家の茶席はもちろん、京都で開かれる茶席からも注文が入るそうです。茶道の流派には表千家、裏千家、遠州流などありますが、花乃舎はそれぞれの流派と縁が深く、重宝されてきたということです。

　昭和26（1951）年、昭和天皇が御巡幸をされた折には、薯蕷饅頭が御料食品の御用命に浴したそうです。

データ

桑名市南魚町88　☎0594-22-1320

8:30～19:30（喫茶は9：00～17：30）月曜休

■**安永餅本舗　柏屋**――**細長い形が特徴の焼き餅**
　近鉄・ＪＲ桑名駅の東口を出て南に500メートルほど歩くと、交差点の先に「桑名名物安永餅」の看板が見えてきます。それが創業以来約250年を数える老舗和菓子店の「柏屋」です。
　この安永餅の特徴は形にあります。中につぶ餡が入った平たくて細長い餅で、裏表が焼いてあります。
　安永餅は、桑名で隠居していた松平定信が非常時の食糧として考案したという伝承もあり、江戸時代には員弁川に架かる町屋橋の北側付近にある安永の街道沿いの茶屋街で売られていたそうです。
　私もよくこの安永餅を手土産として利用させていただいており、他県の人はもちろん、地元の方々にも喜ばれています。桑名駅の土産物店でも購入できます。

データ
桑名市中央町1-74　☎0594-22-1197
8:00～19:00　元日休

■**かぶら煎餅本舗**――**かぶをかたどった薄焼き煎餅**
　桑名市南寺町の路地に佇む、こぢんまりとした趣のある和菓子店が「かぶら煎餅」です。
　明治37（1904）年の創業と言いますから、すでに

100年を超えた老舗です。現在は3代目の水谷透さんが社長を務め、4代目の娘さんと店を切り盛りしています。

　前述しましたように"かぶら"とは野菜のかぶのことで、松平定信が当時の画伯・谷文晁にかぶらの図を描かせ、『菜根譚』の一句「人常ニ菜根ヲ咬ミ得バ即チ百事做ス可シ」の故事を基に節約勤勉を旨とし、自らもそれを実践したという史実に因んでいます。

　こうした素晴らしい伝習を後世に残すべく、谷文晁が描いたかぶらの絵に似た形の煎餅を考案したのが初代の重徳さんでした。表面には、先ほどの『菜根譚』よりの言葉「咬得菜根百事可做」の焼き印が入っています。

　かぶら煎餅はカステラ生地の薄焼き煎餅で、主な材料は小麦粉と卵。サクサクしたかみ心地と、ほんのりした卵の味が口の中に広がる体にやさしい煎餅です。

　サイズは大中小の3種類があり、一番大きいものは団扇ほどなのでびっくりする人もいることでしょう。

　また、「かぶら最中」も人気で、薄皮に包まれたほんのり甘いつぶ餡が絶品です。このかぶら煎餅は、昭和26（1951）年の昭和天皇の三重県御巡幸の際、御料食品として献上されたそうです。

データ

桑名市南寺町15　☎0594-22-1394
8:00～19:00　木曜休

■魚重楼——江戸時代の味を守り続ける老舗

　蛤会席料理で人気の「魚重楼」は明治34（1901）年の創業になります。

　料亭を始める前は「魚重」という屋号で、揖斐川沿いの赤須賀村で網元として魚貝類、特に桑名の名産の蛤や海苔、白魚などの取り引きを行っていたそうです。

　桑名藩へ海産物を運ぶ御用を賜ったことから、苗字帯刀も許されていたほどですから名家だったんですね。

　桑名料理の伝統を守り続ける魚重楼では、「桑名蛤会席料理」をはじめとして、「蛤ランチ」「焼蛤」「蛤寿司」「時雨茶漬け」などを味わうことができます。

　個室から大広間まであり、地元では食事会や祝い事、商談や宴会などで使われることも多いです。

データ

桑名市南魚町31　☎0594-22-1315
11:30～14:30　17:00～22:00　水曜休（12月、1月は不定休）
http://uoju.co.jp/

■蛤料理　日の出——『美味しんぼ』にも登場した高級店

　蛤料理一筋で、まもなく創業から100年を迎える老舗の高級蛤料理店です。

　九華公園や七里の渡し跡からほど近く、桑名ならではの蛤料理で人気です。

　一言で言って、高級料理店ですので夜はなかなかご縁

がありません。企業の接待などに使われることも多く、完全予約制になっていますが予約を取るのも難しく、値段は少々張るもののその価値は十二分にあります。

　四季の素材を活かした「季節会席」が看板メニューです。もう一つの人気メニューは「魚すき鍋」のコース（10月〜3月）だそうで、新鮮な国産の伊勢海老や旬の白身魚、牡蠣、蛤などを自慢の出汁で炊き込んだものです。

　また、秘伝のだしで味わう「はまぐり鍋」は、蛤のほかに豆腐と三つ葉が入ったシンプルな鍋で、雑炊、あるいは麺類で締めるのがお勧めとのこと。このはまぐり鍋は、人気漫画『美味しんぼ』にも登場したことがあるそうで、そう書けば、いかに素晴らしい店かお分かりになることと思います。

データ

桑名市川口町19　☎0594-22-0657
11:30〜14:00　17:00〜22:00　水曜休（第2水曜は営業、翌木曜休）
https://hamaguri.com/

■貝増商店——桑名では佃煮ではなく「時雨煮」

　貝の佃煮は人気ですが、桑名では佃煮ではなく、時雨煮（しぐれ煮）が一般的です。

　この時雨煮の由来は、文字通り、時雨が降る時期（晩秋）に炊いたものが特に味がいいことからそう言われる

ようになったそうです。蛤は毎年6〜8月頃に産卵しますので、その後、再び栄養を蓄え始める秋から冬の初めが一番の旬なんだそうですね。

　明治時代末期に創業した「貝増商店」では、味と品質にこだわり、秘伝のたまり醤油を加えた甘みのある独自のたれで桑名産の蛤を丁寧に炊き上げています。

　ちなみに貝増商店では「志ぐれ煮」と称しています。雰囲気があっていい当て字ですね。

　何でも味の決め手はこのたまり醤油だそうで、蛤をむいた時に出る汁や水飴なども加えて20分ほど炊くとできあがります。佃煮のように汁気がなくなるまで煮詰めるのではなく、たっぷりのたまり醤油に浮かせて炊くのが桑名の時雨煮の特徴だそうです。

　貝増商店では、蛤の志ぐれ煮のほかに浅蜊、蜆、赤貝、昆布、貝柱、白魚紅梅煮などのほか、水揚げされたばかりの活き蛤も販売しています。

　私は志ぐれ煮を温かいご飯の上に2、3粒載せ、熱い緑茶を注いで食べるのが大好きです。

データ

本店　桑名市鍛治町20　☎0594-22-0543
9:00〜17:00　水曜休
赤須賀店　桑名市赤須賀市場町西86-8　☎0594-22-4908
8:30〜18:30　無休

■瑞宝志ぐれ──昔ながらの浮き炊き製法が味の決め手

"手づくりの真心こめし味しぐれ"をモットーに昭和50（1975）年、身がふっくらやわらかく仕上がるという昔ながらの「浮き炊き製法」で、蛤や浅蜊などのしぐれ煮の製造を始めたのが「瑞宝志ぐれ」です。

漁師であった初代が知識と経験を活かしてしぐれ煮作りに取り組んだのが始まりだそうで、独自の「しぐれたまり」作りから炊き上げまで、一釜一釜炊き上げる浮き炊き製法による手作り製法にこだわっているそうです。

浮き炊き製法の「はまぐり志ぐれ」や「あさり志ぐれ」のほか、蜆や昆布、椎茸、おかかなどのしぐれ煮は好評で、柔らかくまろやかな味はご飯のお供に最適です。

私は甘口が好みですが、お酒の好きな人は辛口を酒の肴に1杯やるのがいいらしいです。

データ

本社　桑名市福岡町384-1　☎0594-23-1646
赤須賀店　桑名市赤須賀港町526-1　☎0594-22-6971
https://zuihou490.com/

‖ 番外編① ‖
■伊藤鉉鋳工所──国内唯一"ケトルベル"メーカー

これまでお話ししましたように、桑名鋳物のメーカーはそれぞれに伝統を受け継ぎながら、常に革新を目指して頑張っております。

その中で、私が注目していますのは市内和泉にある「伊藤鉉鋳工所」です。創業は昭和25（1950）年で、現在は3代目の伊藤允一さんが陣頭指揮を執っています。

伊藤鉉鋳工所は主に建築金物やポンプ部品などを製造していますが、私が興味を持っているのは筋力強化に役立つと同時に、桑名鋳物の知名度向上やブランド化にもつながるように考えて製作した「ケトルベル」です。

ケトルベルと言ってもご存知ない方は多いと思いますが、ケトルベルのベルはダンベルのベルで、ケトルとはやかんの意味です。つまり、鉄球に取っ手を付けたやかんのような筋力トレーニング器具です。

もともとは旧ソ連軍のトレーニングで使われていた器具だそうで、それが元軍人によってトレーニング器具としてアメリカに伝わったんだそうです。現在ではアメリカ以外では韓国でも盛んだということです。

伊藤社長は平成27（2015）年から開発を始め、ついにケトルベルの唯一の国産メーカーとなりました。それだけでなくケトルベルトレーニングの指導者資格も持っており、鋳工所に隣接する場所にトレーニングジムも開設してしまいました。

このケトルベル、材料から塗装まで全て国産で、一つひとつが伝統の桑名鋳物の技法を受け継ぐ職人の手作りとなっています。重さは4キロから9種類あり、一番重

いのはなんと48キロです。

　48キロのケトルベルを筋トレに使うなんてどんな猛者なのか興味が湧くというものです。私は以前、8キロのケトルベルで伊藤社長のレッスンを受けたことがありますが、翌日は筋肉痛で大変でした。

　伊藤鉉鋳工所のケトルベルは通販で購入することもできますが、直接持ち帰る場合は1割引きとお得です。

データ

桑名市大字和泉247　☎0594-22-2265
http://ito-gen.jp/

||番外編②||
■トヤオ工務店──もしも桑名に住みたくなったら

　さて、ここまで桑名とその周囲の名所旧跡や観光スポット、注目の会社、味処を紹介してきました。桑名は本当にいいところですし、温暖な気候ともあいまって、一度住むと離れられなくなる人も多いようです。

　桑名はもちろん、名古屋で働いて桑名に住む……なんていう暮らし方もお勧めです。

　桑名に住んでみたいと思った方に耳より情報としてお伝えしたいのが「トヤオ工務店」です。桑名の隣、私の地元・いなべ市にある工務店ですが、丁寧な家づくりと

ユニークなアイデアで人気です。

　創業は昭和58（1983）年と比較的若い会社ですが、創業社長の鳥谷尾眞道さんは優れた見識の持ち主です。

　人間にとって良い環境とは何かを常に考え、「木で住まいを造る」をモットーに、木の命を大切にした美しく暮らしやすい家をこれまで提供してきました。

　そのため、トヤオ工務店では無垢の木しか使わない注文建築となっています。柱、梁、桁は全て三重県産の檜を使い、さらには、漆喰、和紙など人が住む家に相応しい、全ての人に優しい素材を使っているそうです。

　それがトヤオ工務店のこだわりです。

　もう一つ、トヤオ工務店のユニークな試みは、「自分の住む家を自分で造る」ことです。

　自分の家を自分で造る機会なんて大工さんでもない限り不可能ですが、自ら施工に携わることで自分の家にさらなる愛着を持つことができるというのが鳥谷尾社長の家造りに関する哲学です。

　もちろん、自分で造ると言っても大工になるわけではありません。「ロフトだけ造りたい」、あるいは「デッキを自由に造りたい」……など一部ですが、トヤオ工務店では、そんな施主の願いを叶えることができます。

　自分たちができるところは自分たちで造り、危険な仕事や専門性の高い仕事は工務店に任せる――それがトヤ

オ工務店の考える「半分自分で造る家」だそうです。実に面白く、素晴らしい考え方ですね。
　私も応援したくなりました。

お問い合わせ
いなべ市大安町大井田1331-1　☎0594-77-3363
http://toyao.jp/

第 2 章

株主優待で
とことん楽しむ
桑名

あみやき亭 桑名江場店

住所	桑名市大字江場字神戸1455-1
電話	0594-27-1129
営業時間	17:00～24:00（月～金）、16:00～24:00（土・日・祝日）
定休日	無休

🎁 ココがお得!

「あみやき亭」では保有株式数に応じて「優待券」がもらえるほか、300株以上はお米と交換することもできる。「優待券」は「あみやき亭」各店舗のほか、グループ店で焼き鳥や釜飯、ホルモン、牛タンなどが味わえる。また、店舗数が100の倍数になると"おまけ"の「優待券」がもらえる。

優待の種類	「優待券（1000円）」(100株4枚、200株7枚、300～499株12枚、500株以上18枚)

※300～499株は米7.5kgと、500株以上は米10kgと交換可能。
※あみやき亭、美濃路の合計店舗数が100の整数倍になると100株で2000円、200株で3000円、300～499株で4000円、500株以上で5000円の「優待券」がもらえる。

🏢 こんな会社!

あみやき亭はおいしい国産牛を安価で提供している本格炭火焼肉の「あみやき亭」のほか、焼肉食べ放題「どんどん」、焼き鳥と釜飯「美濃路」、ホルモンとタンとカルビの専門店「ほるたん屋」を経営。東京・神奈川・愛知・岐阜・三重・静岡など現在200店舗以上を運営している。

あみやき亭	株式コード	2753		
株価		4100円	単元株数	100株
優待の目安金額		41万円	権利確定月	3月
URL		http://www.amiyakitei.co.jp/		

小川のひと言

桑名江場店のほかに、桑名大山田店（桑名市大字五反田字口山1823）の2店舗がある。桑名大山田店は平成30（2018）年にリニューアルオープンした。

いきなりステーキ 三重川越店

住所	三重郡川越町大字高松字天神37
電話	059 − 340 − 0829
営業時間	11：00 〜 23：00
定休日	無休

🎁 ココがお得！

ペッパーフードサービスでは、保有株式数に応じて「優待券」、または同社の商品セットがもらえる。優待券はホームページに記載されたペッパーフードサービスの各店舗（競馬場内店舗を除く）で利用することができる。

優待の種類	「優待券（1000円、年2回）」（100〜299株） 「優待券（500円×6枚セット、年2回）、または商品セット（年2回）」（300〜1499株1セット、1500〜2999株2セット、3000株以上3セット）

🏢 こんな会社！

ペッパーフードサービスは立ち飲み食い型でステーキとワインを楽しむ「いきなりステーキ」のほか、「ペッパーランチ」や「牛たん仙台なとり」「こだわりとんかつ・かつき亭」など様々な業態の飲食店を800店舗以上展開している。

ペッパーフードサービス	株式コード 3053		
株価	4100円	単元株数	100株
優待の目安金額	41万円	権利確定月	6月、12月
URL	http://www.pepper-fs.co.jp/		

小川のひと言 桑名市の隣町に三重川越店とイオンモール東員店（員弁郡東員町大字長深築田510−1）が、共に平成30（2018）年にオープンした。

廻転すし 海へ 桑名店

住所	桑名市大字五反田字口山1922
電話	0594－32－9005
営業時間	11:00～22:00
定休日	無休

🎁 ココがお得！

「廻転すし 海へ」を経営するアトムの系列店である「甘太郎」「ステーキ宮」「にぎりの徳兵衛」などのほか、親会社のコロワイドが展開する店舗やグループ企業が営む「かっぱ寿司」でも使える「優待ポイント」が年2回もらえる。1ポイント＝1円で、株式保有数によってポイント数が異なる。

優待の種類	「優待ポイント（年2回）」(100～499株2000ポイント、500～999株1万ポイント、1000株以上2万ポイント)

※ポイントは日本各地の特産品などとも交換可能。

🏢 こんな会社！

「廻転すし 海へ」を経営するアトムは外食大手コロワイド傘下で、東海地方を中心に展開している外食チェーン。寿司や焼き肉、ステーキ、和食、イタリアン、居酒屋のほか、お好み焼きなど多種多様なチェーン店を展開中だ。

アトム	株式コード	7412		
株価	1025円	単元株数	100株	
優待の目安金額	10万2500円	権利確定月	3月、9月	
URL	http://www.atom-corp.co.jp/index.php			

小川の
ひと言

季節メニューの「5点盛セット」がよく売れており、年8回メニューが変わる。アトム、カッパ・クリエイトはコロワイドのグループ会社で、3社の優待ポイントは相互に利用することができる。

柿安 料亭本店

住所	桑名市江戸町36
電話	0594－22－5555
営業時間	11：30～21：00
定休日	定休なし（年末年始除く）

🎁 ココがお得！

保有株式数に応じて、レストランや惣菜店で使える「優待利用券」がもらえる。また、株式を1000枚以上所有していると、「すき焼用松阪牛」や「しゃぶしゃぶ用松阪牛」、「柿安プレミアムあぐ～しゃぶしゃぶセット」などと交換できる「柿安グルメフリーチョイス引換券」がもらえる。

優待の種類	「優待利用券（1000円）」（100～299株は1枚、300～499株は3枚、500～799株は5枚、800～999株は8枚）
	「柿安グルメフリーチョイス引換券（1万円相当）」（1000～1999株は1枚、2000～2999株は1枚と「優待利用券」5枚、3000株以上は2枚）

🏢 こんな会社！

柿安本店はすき焼きやしゃぶしゃぶなどの外食レストランのほか、惣菜事業・食品事業を全国展開中。業態にはレストラン6種類、惣菜10種類などがある。

柿安本店	株式コード	2294		
株価		2454円	単元株数	100株
優待の目安金額		24万5400円	権利確定月	2月
URL	https://www.kakiyasuhonten.co.jp/			

小川のひと言

明治4（1871）年、桑名の地に1軒の牛鍋屋が開業した。これが後の柿安で、この牛鍋が今ではすき焼きとして日本全国で親しまれている。最上級の「松阪牛」や「柿安牛」を提供していて人気がある。私はランチですき焼きなどをよく利用している。また、惣菜専門の「パーシモンガーデン」を3店、ほかに和菓子の「口福堂」も営業している。

ガスト 桑名店

住所	桑名市矢田磧164-1
電話	0594-27-2710
営業時間	7:00～27:00（月～金）、6:45～27:00（土・日・祝日）
定休日	―

ココがお得！

「ガスト」を展開するすかいらーくグループでは、平成30（2018）年9月発送分から優待券に代わって優待カードとなった。カードは1000円、3000円、5000円の3種類があり、保有株式数によって枚数が違う。1回の利用に際して500円単位で割引される。

優待の種類	「優待カード（金額は年2回合計）」(100～299株6000円分、300～499株2万円分、500～999株3万3000円分、1000株以上6万9000円分)

こんな会社！

すかいらーくホールディングスは「ガスト」のほか、「ジョナサン」「ステーキガスト」、中華の「バーミヤン」、和食の「夢庵」「藍屋」、パスタの「グラッチェガーデンズ」、とんかつと唐揚げの「とんから亭」などを全国展開している。

すかいらーくホールディングス	株式コード 3197		
株価	1860円	単元株数	100株
優待の目安金額	18万6000円	権利確定月	6月、12月
URL	https://www.skylark.co.jp/index.html		

小川のひと言　市内には国道1号線沿いの桑名店と星川の桑名西店（桑名市大字星川字半之木800-3）とがある。株主優待が新しい制度になって優待額も増額されてさらに利用しやすくなった。

かっぱ寿司 桑名店

住所	桑名市星川882-1
電話	0594-33-0525
営業時間	11:00～22:00（月～金）、10:00～22:00（土・日・祝日）
定休日	無休

ココがお得！

カッパ・クリエイトでは保有株式数に応じて、同店舗のほか、コロワイドグループの店舗（一部店舗を除く）で利用できる優待ポイント（1ポイント＝1円）が年に2回もらえる。また、サーロインステーキやマグロなど厳選した日本各地の特選品との引き換えも可能。

優待の種類	「優待ポイント（年2回）」(100～999株3000ポイント、1000～1999株6000ポイント、2000株以上1万2000ポイント)

こんな会社！

カッパ・クリエイトは回転寿司店「かっぱ寿司」をチェーン展開している。最近では食べ放題の時間帯（予約制）を設けて話題を呼んだほか、1皿（1貫）50円の皿や大手回転寿司店初のビーフ100％ハンバーグ、人気店や有名シェフが監修した本格ラーメンなどを提供して再び注目を浴びている。

カッパ・クリエイト	株式コード 7421		
株価	1500円	単元株数	100株
優待の目安金額	15万円	権利確定月	3月、9月
URL	http://www.kappa-create.co.jp/		

小川のひと言

私もよく利用している。アトム、カッパ・クリエイトはコロワイドのグループ会社で、3社の優待ポイントは相互に利用することができる。

カレーハウスCoCo壱番屋 桑名国一店

住所	桑名市大字安永七区割1033-1
電話	0594-23-4990
営業時間	11:00～24:00
定休日	―

🎁 ココがお得!

「カレーハウスCoCo壱番屋」で使える「飲食優待券」が保有株式数に応じて年2回もらえる。店内での飲食以外にお持ち帰りの弁当や宅配弁当にも利用できるし、レトルトカレー、ギフトセットなどであれば配送も可能なので、たまった優待券を使いたい時には便利だ。

優待の種類	「飲食優待券(500円、年2回)」(100～199株2枚、200～999株4枚、1000～1999株12枚、2000株以上24枚)

🏢 こんな会社!

壱番屋は「カレーハウスCoCo壱番屋」を国内外に約1450店舗も展開している。カレーライス以外にもカレーらーめん店「麺屋ここいち」や、名古屋名物あんかけスパゲッティーの専門店「パスタ・デ・ココ」など、新しい業態の事業もスタートさせている。

壱番屋	株式コード 7630		
株価	4765円	単元株数	100株
優待の目安金額	47万6500円	権利確定月	2月、8月
URL	https://www.ichibanya.co.jp/		

小川のひと言: 国道1号線安永に桑名国一店があり、ほかに市内に4店舗ある。チーズカレーが私のお勧めです。

銀のさら 桑名店

住所	桑名市西別所848-1
電話	0570096204
営業時間	10:00～21:00
定休日	—

🎁 ココがお得!

電話1本で寿司が届く宅配寿司「銀のさら」を展開するライドオンエクスプレスホールディングスでは、保有株式数に関係なく、「銀のさら」「すし上等!」、宅配御膳「釜寅」、提携レストランの宅配代行を行う「ファインダイン」の各店舗で利用できる「優待券」がもらえる。近隣に店舗がない場合は新潟県魚沼産コシヒカリ（新米）2kgとの交換も可能だ。

優待の種類	「優待券(2500円)」、あるいは「新潟県魚沼産コシヒカリ（新米）2kg」

🏢 こんな会社!

ライドオンエクスプレスホールディングスは、平成4（1992）年4月に岐阜市でサンドイッチの店舗、宅配業務からスタートした。現在は寿司や釜飯などのデリバリーサービスチェーンを全国展開しており、総店舗数は平成28（2016）年に700を超えた。

ライドオンエクスプレスホールディングス	株式コード	6082	
株価	1572円	単元株数	100株
優待の目安金額	15万7200円	権利確定月	3月
URL	http://www.rideonexpresshd.co.jp/		

小川のひと言：宅配の寿司店で、私も利用したことがある。桑名市内なら配達してくれるが、確認が必要である。

飲食店 | スーパーマーケット | コンビニエンスストア | 衣料品 | ドラッグストア | 家電量販店 | その他

幸楽苑 桑名店

住所	桑名市大字安永七区割1049-2
電話	0594-25-9777
営業時間	10:45～24:00
定休日	―

🎁 ココがお得!

「幸楽苑」を運営する幸楽苑ホールディングスでは、保有株式数に応じて「食事券」がもらえる。また、500株以上保有している株主はコシヒカリとも交換できる。「食事券」は各店舗で利用できるほか、同社が直営している一部の「いきなりステーキ」でも利用できる。

優待の種類	「食事券」(100～499株2000円相当、500～999株1万円相当、1000株以上2万円相当)

※「食事券」の代わりにコシヒカリと交換もできる(500～999株5kg、1000株以上10kg)

🏢 こんな会社!

幸楽苑ホールディングスはらーめん店の「幸楽苑」を全国展開している。昭和29(1954)年に福島県会津若松市で創業し、その後、全国展開を始め、現在国内に500店舗以上ある。

幸楽苑ホールディングス	株式コード	7554	
株価	2241円	単元株数	100株
優待の目安金額	22万4100円	権利確定月	3月
URL	https://hd.kourakuen.co.jp/		

小川のひと言

国道1号線沿いにある。値段も安く、私は味噌らーめんがお勧め。「いきなりステーキ」とフランチャイズ契約を結んだのも魅力かもしれない。運営店舗が拡大しているので、確認の上でご利用いただきたい。

ココス 桑名店

住所	桑名市大仲新田319－103
電話	0594－33－1101
営業時間	10:00～26:00
定休日	－

🎁 ココがお得！

ファミリーレストラン「ココス」を展開するココスジャパンでは、「食事優待券」とゴールドとシルバーで割引率が違う「ストックホルダーカード」が保有株式数に応じてもらえる。「食事優待券」はココスジャパンの「ココス」、焼き肉の「宝島」、メキシコ料理の「エルトリート」のほか、ゼンショーグループ各店（一部除く）で使えるが、ストックホルダーカードはゼンショーグループでは使えない。

優待の種類	「食事優待券（500円、年2回）」（100～199株2枚、200～499株4枚、500～999株12枚、1000株以上24枚） 「ストックホルダーカード」（100～199株は5％割引のシルバーカード、200株以上は10％割引のゴールドカード）

🏢 こんな会社！

ココスジャパンは「ココス」などを全国展開しているゼンショーグループの企業。ドラえもんがイメージキャラクターで、キッズメニューにはドラえもんが描かれたオムライスやパンケーキがあり、小さい子供にも人気だ。

ココスジャパン	株式コード 9943		
株価	2276円	単元株数	100株
優待の目安金額	22万7600円	権利確定月	3月、9月
URL	https://www.cocos-jpn.co.jp/company/ir/		

小川のひと言

市内には大仲新田に店舗がある。一番よく出るメニューは"ビーフハンバーグ"だそうだ。ゼンショーグループなので「すき家」でも「食事優待券」が使えるのが嬉しい。

飲食店 | スーパーマーケット | コンビニエンスストア | 衣料品 | ドラッグストア | 家電量販店 | その他

コメダ珈琲店 桑名中央通店

住所	桑名市中央町4-26
電話	0594-23-8877
営業時間	7:00～23:00
定休日	なし（年末年始は変更あり）

🎁 ココがお得！

コメダホールディングスの株主（100株以上保有）にはプリペイドカード「KOMECA」が送られ、毎年、権利確定月後の6月と12月の2回、各店舗で使える株主優待電子マネー1000円がチャージされる。KOMECAは支払いの1％がポイント還元されるので、ヘビーユーザーには便利だ。

優待の種類	「1000円の電子マネー（年2回）」

🏢 こんな会社！

コメダ珈琲を展開するコメダホールディングスは、愛知県名古屋市創業のコーヒーチェーンで、今や人気は全国区だ。ボリューム満点のメニューが話題で、なかでもふんわり焼いた温かいデニッシュパンにたっぷりソフトクリームが乗せられた「シロノワール」は名物メニューとなっている。コーヒーは、自社工場で抽出しているセントラルキッチン方式。

コメダホールディングス	株式コード	3543		
株価	2370円	単元株数	100株
優待の目安金額	23万7000円	権利確定月	2月、8月
URL	http://www.komeda-holdings.co.jp/		

小川のひと言　私は桑名中央通店をよく利用している。商談などの際、ゆっくり話ができる広いテーブルがあるので助かる。ほかに桑名市内には桑名広見ケ丘店（桑名市広見ヶ丘1537-8）がある。

サーティワンアイスクリーム アピタ桑名店

住所	桑名市中央町3-21
電話	0594-22-3231
営業時間	9:00～21:00
定休日	不定休

🎁 ココがお得！

多種多様な味が揃った丸いアイスクリームが特徴の「サーティワンアイスクリーム」を展開するB-Rサーティワンアイスクリームでは、保有株式数に応じて、商品と交換できる「優待券」がもらえる。

優待の種類	「優待券（500円、年2回）」(100～499株2枚、500～999株3枚、1000～4999株5枚、5000株以上10枚)

🏢 こんな会社！

B-Rサーティワンアイスクリームはアメリカに本拠を置く世界最大級のアイスクリームパーラーチェーン「バスキン・ロビンス」と「不二家」の合弁会社。サーティワンは「31」で、"31種類のアイスクリームがあるため、1カ月毎日違うアイスが楽しめる"という意味。

B-Rサーティワンアイスクリーム		株式コード	2268
株価	4065円	単元株数	100株
優待の目安金額	40万6500円	権利確定月	6月、12月
URL	https://www.31ice.co.jp/		

小川の ひと言

市内にはほかにイオンモール桑名店（桑名市新西方1-22 イオンモール桑名1番街）がある。

サイゼリヤ　桑名店

住所	桑名市大字東方1009-4
電話	0594-27-1652
営業時間	11：00～26：00
定休日	―

🎁 ココがお得！

サイゼリヤでは、保有株式数に応じて「食事券」と商品の詰め合わせセットがもらえる。500株未満の株主にはⒶが、500～999株の株主にはⒷ～Ⓓのうちの1つが、1000株以上の株主にはⒷからⒺのうちの2つ（同じセットでも可）がもらえる。

優待の種類	「Ⓐ2000円食事券」「Ⓑ2000円食事券とイタリア食材セット（8000円相当）」「Ⓒ2000円食事券とイタリアお菓子セット（8000円相当）」「Ⓓ2000円食事券とイタリアワインセット（8000円相当）」「Ⓔ1万円食事券」

🏢 こんな会社！

サイゼリヤは、リーズナブルな価格でイタリア料理が楽しめるレストランチェーン「サイゼリヤ」を展開している。若者に人気の"ミラノ風ドリア"やピザ、熟成生ハム（プロシュート）などが人気商品で、手軽な値段でワインも味わえる。

サイゼリヤ　株式コード　7581

株価	2170円	単元株数	100株
優待の目安金額	21万7000円	権利確定月	8月
URL	https://www.saizeriya.co.jp/corporate/index.php		

小川のひと言

リーズナブルな価格帯のファミリーレストランで、私もよく利用している。桑名店のほか、イオンモール桑名店（桑名市新西方1-35 イオンモール桑名3番街）がある。

サンマルクカフェ イオンモール東員店

住所	員弁郡東員町大字長深字築田510－1
電話	0594－86－0309
営業時間	10：00〜21：00
定休日	無休

🎁 ココがお得！

チョコクロなど焼き立てパンを気軽に味わえる「サンマルクカフェ」のほか、「ベーカリーレストラン・サンマルク」など直営店、フランチャイズ店で飲食料金の20％割引（すし処函館市場のみ10％割引）を受けられる「優待カード」がもらえる（販売コーナー商品は対象外）。有効期間中は何度でも繰り返し利用可。

優待の種類	「優待カード」（100株以上1枚）

🏢 こんな会社！

サンマルクホールディングスは「サンマルクカフェ」「ベーカリーレストラン・サンマルク」「鎌倉パスタ」を運営している。食の安全に強いこだわりを持ち、肉、魚、野菜の原料については原産地などトレーサビリティー（生産履歴）の管理を徹底している。

サンマルクホールディングス	株式コード	3395	
株価	2774円	単元株数	100株
優待の目安金額	27万7400円	権利確定月	3月
URL	https://www.saint-marc-hd.com/hd/		

小川のひと言

桑名市の隣町・東員町にあるイオンモールの中にある。買い物ついでに立ち寄ることも多い。

飲食店 / スーパーマーケット / コンビニエンスストア / 衣料品 / ドラッグストア / 家電量販店 / その他

ジョイフル 三重員弁店

住所	いなべ市員弁町大泉新田45-2
電話	0594-84-2008
営業時間	24時間
定休日	―

ココがお得！

「ジョイフル」では、1000株未満の株式保有者は「優待割引券（15％）」が、1000株以上の株式保有者は「食事券」がそれぞれもらえる。いずれも全国の「ジョイフル」のほか、「ごはん処　喜楽や」「そば焼鳥二五十」「並木街珈琲」「ごはん盛り放題グーカレー」などの系列店でも利用することができる。ただし、割引券と食事券の併用はできない。

優待の種類	「優待割引券（15％、年2回）」（100～499株5枚、500～999株10枚）
	「食事券（500円、年2回）」（1000株以上20枚）

こんな会社！

ジョイフルは九州地方を地盤に、西日本を中心に展開するステーキ・ハンバーグなどが低価格で味わえるファミリーレストラン「ジョイフル」を展開している。ほかに、定食が500円でご飯などおかわり自由の「ごはん処　喜楽や」や「ごはん盛り放題グーカレー」など多彩な業態をチェーン展開している。

ジョイフル　株式コード 9942

株価	1225円	単元株数	100株
優待の目安金額	12万2500円	権利確定月	2月、8月
URL	http://www.joyfull.co.jp/		

小川のひと言　桑名市から少し離れたいなべ市にある。年2回メニューを変えていて、人気メニューのハンバーグのソースはトマト味、てりやき味、オニオン味、にんにく醤油、ペッパー味の5種類から好みで好きなソースをかけ放題となっている。

ジョリーパスタ 三重川越店

住所	三重郡川越町高松天神37
電話	0593 − 61 − 7775
営業時間	11：00 〜 24：00
定休日	―

🎁 ココがお得！

本場イタリアの味から日本人好みの味まで40種類を超えるバリエーションに加え、季節ごとの特別メニューも提供している「ジョリーパスタ」では、保有株式数に応じて「食事優待券」がもらえる。系列店舗のほか、ゼンショーグループの「すき家」「なか卯」「ココス」「ビッグボーイ」「はま寿司」などでも使えるからとても便利だ。

優待の種類	「食事優待券（500円、年2回）」（100 〜 499株2枚、500 〜 999株10枚、1000株以上20枚）

🏢 こんな会社！

ジョリーパスタはゆであげスパゲッティーと手作りピザの店「ジョリーパスタ」を全国展開しているほか、イタリアンファミリーレストランの「フラカッソ」や本格的ステーキ＆ハンバーグの専門店「ジョリーオックス」も展開している。「すき家」や「なか卯」を経営するゼンショーグループの会社でもある。

ジョリーパスタ	株式コード 9899		
株価	2028円	単元株数	100株
優待の目安金額	20万2800円	権利確定月	3月、9月
URL	https://www.jolly-pasta.co.jp/		

小川の
ひと言

隣町の川越町の国道1号線沿いにある。女性に人気がある。私もスパゲッティーは好きで、よく利用している。

すき家 1国桑名店

住所	桑名市東方福島前655-1
電話	(非公開)
営業時間	24時間
定休日	—

ココがお得！

「すき家」を展開するゼンショーホールディングスでは、保有株式数に応じて、グループ各店で使える「食事優待券」がもらえる。また、300株以上保有している株主は、未使用で最新の「食事優待券」を返送すると、3000円分1冊につき、「すき家牛・豚セット」「すき家国産使用牛丼セット」「すき家炭火セット」などのいずれか1セットと代替が可能となっている。

優待の種類	「食事優待券(500円、年2回)」(100～299株2枚、300～499株6枚、500～999株12枚、1000～4999株24枚、5000株以上60枚)

こんな会社！

ゼンショーホールディングスは「すき家」のほか、丼ぶりと京風うどんの「なか卯」、ファミリーレストランの「ココス」、ハンバーグの「ビッグボーイ」、回転寿司の「はま寿司」などを運営している。現在、「すき家」は47都道府県に日本国内店舗数最多の合計1930店舗以上を展開している。

ゼンショーホールディングス	株式コード	7550	
株価	2826円	単元株数	100株
優待の目安金額	28万2600円	権利確定月	3月、9月
URL	https://www.zensho.co.jp/jp/		

小川のひと言

すき家の牛丼は肉汁の味が染みており、一味違う。市内にはほかに、桑名大仲新田店(桑名市大仲新田字屋敷319-119)、258号多度店(桑名市多度町香取284-2)、イオンモール桑名店(桑名市新西方1-22 イオンモール桑名1番街)がある。

スシロー　桑名店

住所	桑名市大字五反田1880－1
電話	0594－33－4771
営業時間	11：00～22：30（月～木）、11：00～23：00（金）、10：30～23：00（土・日・祝日）
定休日	―

ココがお得！

「スシロー」では、保有株式数に応じて「優待割引券」がもらえる。ただし、利用は会計金額1000円ごとに500円となっている。なお、2000円の割引券の1500円分、4000円の割引券の3000円分、1万円の割引券の7500円分は全日利用可能だが、それ以外は平日限定となる。

優待の種類	「優待割引券（年2回）」(100～199株2000円分、200～499株4000円分、500株以上1万円分)

こんな会社！

スシローグローバルホールディングスは、"うまい寿司をより多くの人に腹一杯食べてもらいたい"をモットーに、回転寿司店「スシロー」を全国展開する会社。平成23（2011）年には回転寿司業界で日本一の売上高を達成している。その後、韓国にも進出し、平成30（2018）年には国内店舗数500店を達成した。

スシローグローバルホールディングス		株式コード	3563
株価	6220円	単元株数	100株
優待の目安金額	62万2000円	権利確定月	3月、9月
URL	http://www.sushiroglobalholdings.com/		

小川のひと言

価格もお手頃でコストパフォーマンスが高い。2貫で100円（税抜）のマグロがお勧めで、私もよく食べる。

飲食店｜スーパーマーケット｜コンビニエンスストア｜衣料品｜ドラッグストア｜家電量販店｜その他

ステーキ宮 桑名店

住所	桑名市大字五反田字口山1923-1
電話	0594-32-1022
営業時間	11:00～15:30、17:00～22:30
定休日	無休

🎁 ココがお得！

「ステーキ宮」は安心安全なステーキと和牛入り手作りハンバーグを楽しめるステーキレストラン。同店のほか、「廻転すし 海へ」「甘太郎」などアトムの系列店や、コロワイド(一部店舗を除く)とカッパ・クリエイトの店舗でも支払いの際に使える「優待ポイント(1ポイント=1円)」が年2回もらえる。ポイントは日本各地の特産品などとも交換できる。

優待の種類	「優待ポイント(年2回)」(100～499株2000ポイント、500～999株1万ポイント、1000株以上2万ポイント)

🏢 こんな会社！

「ステーキ宮」を経営するアトムは外食大手コロワイド傘下で、東海地方を中心に展開している外食チェーン。寿司や焼き肉、ステーキ、和食、イタリアン、居酒屋のほか、お好み焼きなど多種多様な業態の店舗を展開中だ。

アトム	株式コード	7412		
株価		1025円	単元株数	100株
優待の目安金額		10万2500円	権利確定月	3月、9月
URL	http://www.atom-corp.co.jp/index.php			

小川のひと言

"宮ロース"の140グラムのオーダーが多いとのこと。私はよく"てっぱんステーキ"を注文する。グループ店として桑名には焼き肉店の「がんこ炎」や回転寿司店「にぎりの徳兵衛」がある。アトム、カッパ・クリエイトはコロワイドのグループ会社で、3社の優待ポイントは相互に利用することができる。

PRECIOUS BUFFET イオンモール東員店

住所	員弁郡東員町大字長深字築田510-1 イオンモール東員1F
電話	0594-86-1798
営業時間	10:00～15:00、17:00～22:00
定休日	不定休

🎁 ココがお得！

「プレシャス・ビュッフェ」を展開するクリエイト・レストランツ・ホールディングスでは、保有株式数に応じて、「しゃぶ菜」「鳥良商店」「磯丸水産」などグループ各店舗（一部店舗除く）で利用できる「食事券」が年2回もらえる。また、同社株を200株以上保有し、1年以上継続している株主は、さらに1500円分の「食事券」を年2回もらえる。

優待の種類	「食事券（年2回）」(100～499株3000円、500～1499株6000円、1500～4499株1万5000円、4500株以上3万円)

🏢 こんな会社！

バイキング料理（食べ放題）が楽しめる「プレシャス・ビュッフェ」を展開するクリエイト・レストランツ・ホールディングスでは、ほかに高級寿司食べ放題の「雛鮨」やイタリア料理の「TANTO TANTO」ラーメンの「つけめん TETSU」などさまざまな業態の店を主にショッピングセンターや駅ビル等で運営している。

クリエイト・レストランツ・ホールディングス		株式コード	3387
株価	1325円	単元株数	100株
優待の目安金額	13万2500円	権利確定月	2月、8月
URL	http://www.createrestaurants.com/		

小川の
ひと言

イオンモール東員にある。平日はランチが1000円（税抜）で食べ放題。桑名市近辺では現在、この施設内だけであるが、持っておきたい銘柄である。

ブロンコビリー 桑名大山田店

住所	桑名市星見ケ丘2-107
電話	0594-33-3435
営業時間	11:00～23:00（月～金）、10:45～23:00（土・日・祝日）
定休日	なし

🎁 ココがお得！

「ブロンコビリー」では、保有株式数に応じて、各店で使える「優待券」がもらえる。また、200株以上保有している株主は、優待券ではなくお米と交換することもできる。

| 優待の種類 | 「優待券（年2回）」(100～199株2000円分、200～499株3000円分、500～999株5000円分、1000～1999株8000円分、2000株以上1万5000円分) |
| | 「米（年2回）」(200～499株2kg、500～999株4kg、1000～1999株5kg、2000株以上10kg) |

🏢 こんな会社！

「ブロンコビリー」は東海地方を中心に、近畿、関東にも展開しているステーキとハンバーグを提供するレストラン。主にオーストラリア産の牛肉を使ったステーキ、ハンバーグのほか、おかわり自由のサラダバーなどを気軽に楽しむことができる。

ブロンコビリー	株式コード 3091		
株価	2981円	単元株数	100株
優待の目安金額	29万8100円	権利確定月	6月、12月
URL	http://www.bronco.co.jp/about/		

小川のひと言

ジュージューと音を立てながら運ばれてくる俵型のハンバーグが大人気。サラダバーは野菜の種類も多いので、利用する人も多い。

ほっともっと 桑名江場店

住所　　　桑名市大字江場860-5
電話　　　0594-25-8805
営業時間　10:00～21:30
定休日　　—

🎁 ココがお得!

「ほっともっと」を展開するプレナスでは、保有株式数に応じて同店のほか、「やよい軒」「MKレストラン」の各店で利用できる「買物優待券」がもらえる。使用は商品の購入もしくは食事の際に1人につき1回で2枚までとなっている。

| 優待の種類 | 「買物優待券(500円)」(100～999株5枚、1000株以上10枚) |

🏢 こんな会社!

プレナスは弁当店「ほっともっと」や定食店「やよい軒」、しゃぶしゃぶと飲茶の「MKレストラン」を展開。「ほっともっと」は全国に約2700店舗を運営。一番安い弁当が300円と、リーズナブルな価格となっている。

プレナス	株式コード 9945		
株価	1985円	単元株数	100株
優待の目安金額	19万8500円	権利確定月	2月
URL	https://www.plenus.co.jp/		

小川の
ひと言

弁当の種類も多く、買い求めやすい。市内にはほかに桑名福島店(桑名市福島955-2)と桑名西別所店(桑名市大字西別所字中沢881-1)がある。

マクドナルド 桑名並木通り店

住所	桑名市大福字中野511-1
電話	0594-25-3687
営業時間	24時間
定休日	―

🎁 ココがお得!

「マクドナルド」を展開する日本マクドナルドホールディングスでは、バーガー類、ポテトなどのサイドメニュー、ドリンクの引換券が6枚ずつで1冊になった「優待食事券」が保有株式数に応じてもらえる。シートは切り離して使えて、S・M・Lとサイズのある商品は好きなものを選ぶこともできる。

優待の種類	「優待食事券(年2回)」(100〜299株1冊、300〜499株3冊、500株以上5冊)

🏢 こんな会社!

日本マクドナルドホールディングスは、昭和46(1971)年に日本に初上陸したハンバーガーショップで、"日本で最も有名"と言っても過言ではないマクドナルドを全国展開している。ビッグマックやてりやきマックバーガーなどのバリューセットは人気が高く、オモチャと一緒になったハッピーセットも子供に愛されている。

日本マクドナルドホールディングス	株式コード 2702		
株価	5090円	単元株数	100株
優待の目安金額	50万9000円	権利確定月	6月、12月
URL	http://www.mcd-holdings.co.jp/		

小川のひと言

子供から大人まで人気が高いハンバーガーショップ。家族連れでの利用も多いが、私もよく休憩のために市内大福にある店舗を利用している。市内にはほかに、421桑名店(桑名市大字大仲新田字屋敷前439-1)、イオンモール桑名アンク店(桑名市新西方1-22-228)など4店舗がある。

松屋 桑名店

住所	桑名市中央町3-64-1
電話	0594-27-7708
営業時間	24時間
定休日	—

🎁 ココがお得!

「松屋」を全国展開する松屋フーズホールディングスでは、松屋のほか、とんかつの「松のや」「松乃家」「チキン亭」などで使える「食事優待券」が10枚もらえる。「食事優待券」は牛めしやカレー、定食、キッズメニューなどから1品と交換できて、ライスを無料で大盛に変更できる。また、牛めしの具やカレーが入った詰め合わせセットとも交換できる。

優待の種類	「食事優待券」(100株以上10枚) 「詰め合わせセット」(牛めしの具×4パック、豚めしの具×3パック、オリジナルカレーの具×3パック)

🏢 こんな会社!

松屋フーズホールディングスは「松屋」を中心に全国展開している。「松屋」は同業店とくらべて、牛めしのほかにカレーや定食などメニューが多いのが特徴。ほかにもとんかつ店の「松のや」「松乃家」「チキン亭」、寿司店の「すし松」「福松」、ラーメン店の「麺Dining セロリの花」など、国内外に1100店舗以上を展開している。

松屋フーズホールディングス	株式コード 9887		
株価	3895円	単元株数	100株
優待の目安金額	38万9500円	権利確定月	3月
URL	https://www.matsuyafoods.co.jp/		

小川の ひと言

定食メニューが充実している。

飲食店 / スーパーマーケット / コンビニエンスストア / 衣料品 / ドラッグストア / 家電量販店 / その他

丸亀製麺 桑名店

住所	桑名市大字森忠1137-1
電話	0594-32-6080
営業時間	11:00～22:00
定休日	―

🎁 ココがお得！

「丸亀製麺」を展開するトリドールホールディングスでは、保有株式数に応じて額面100円分の「優待割引券」がもらえる。利用枚数に制限はなく、持ち帰りの場合にも利用できるが、自動券売機が設置されている店舗のほか、「晩杯屋」「ペコ太郎」「ずんどう屋」「SO CAFE」「fufu」では利用不可。ほかの金券や割引券、クーポンとの併用もできる。

優待の種類	「100円割引券」(100～499株20枚、500～999株60枚、1000株以上100枚)

🏢 こんな会社！

トリドールホールディングスはもともと焼き鳥店「とりどーる」を展開していた会社だが、現在の主力は讃岐うどんチェーン店の「丸亀製麺」。ほかに「とりどーる」や焼きそば専門店の「長田本庄軒」、ラーメンの「ずんどう屋」、立ち飲み居酒屋の「晩杯屋」などを世界中に展開しており、グループの店舗数は1600を超えている。

トリドールホールディングス	株式コード	3397	
株価	2212円	単元株数	100株
優待の目安金額	22万1200円	権利確定月	3月、9月
URL	http://www.toridoll.com/		

小川のひと言　市内森忠にある。私のオススメは釜揚げうどんで、毎月1日はこの釜揚げうどんが半額になるのでうれしい。ほかにイオン桑名店（桑名市新西方1-22 イオン桑名1F）もある。

無添くら寿司 桑名店

住所	桑名市大字江場1588
電話	0594－27－0610
営業時間	11：00 ～ 23：00
定休日	—

🎁 ココがお得！

「無添くら寿司」を展開するくらコーポレーションでは、保有株式数に応じて「優待券」がもらえる。また、200株以上保有している株主は、「優待券」5000円分を株主優待品と交換することもできる。

優待の種類	「優待券（500円）」（100 ～ 199株5枚、200 ～ 499株10枚、500株以上20枚）

※200株以上は極上本マグロやうなぎのかば焼き、シャリコーラなど3種類の株主優待品（5000円分）とも交換できる。

🏢 こんな会社！

くらコーポレーションは、「無添くら寿司」を全国に展開している会社。寿司だけでなく、ガリや醤油、酢、ダシなどすべての食材に四大添加物（化学調味料・人工甘味料・合成着色料・人工保存料）を使用していない。また、近年では寿司以外にもラーメンやうどん、カレー、うな丼、天丼、かき氷などユニークなメニュー展開でも話題を呼んでいる。

くらコーポレーション	株式コード 2695		
株価	7140円	単元株数	100株
優待の目安金額	71万4000円	権利確定月	4月
URL	http://www.kura-corpo.co.jp/company/		

小川の
ひと言

江場の国道1号線沿いにあり、私もよく行く。平成30（2018）年7月からシャリが変わって一段とおいしくなった。

モスバーガー ながしま店

住所	桑名市長島町東殿名1064-1
電話	0594-42-2585
営業時間	7:00～23:00
定休日	―

🎁 ココがお得!

味噌と醤油をベースにしたテリヤキソースを使ったテリヤキバーガーが定番となっている「モスバーガー」を展開するモスフードサービスでは、保有株式数に応じて全国の店舗、およびミスタードーナツ(一部店舗除く)で利用できる「優待券」が年2回もらえる。

優待の種類	「優待券(500円、年2回)」(100～499株2枚、500～999株10枚、1000株以上20枚)

🏢 こんな会社!

モスフードサービスは、注文を聞いてから作るヘルシーなハンバーガーを特色とする「モスバーガー」を全国に展開している会社。お米を使ったハンバーガー(モスライスバーガー)や国内産の野菜を使うなど、日本人の食文化に合わせた商品で話題を呼んでいる。

モスフードサービス	株式コード 8153		
株価	3065円	単元株数	100株
優待の目安金額	30万6500円	権利確定月	3月、9月
URL	https://www.mos.co.jp/company/		

小川の
ひと言

長島町にながしま店がある。ほかに、隣町の員弁郡東員町にはイオンモール東員店(員弁郡東員町大字長深510-1)がある。

や台ずし 桑名駅前町店

住所	桑名市有楽町56-1
電話	0594-24-8128
営業時間	16:00～25:00
定休日	無休

ココがお得!

「や台ずし」を経営するヨシックスグループでは、保有株式数によって金額が違う「食事優待券」と「食事割引券(20%)」がそれぞれ年2回もらえる。「や台ずし」のほか、系列の握り寿司店、お好み焼き・鉄板焼き店などさまざまな店で使うことができる。

優待の種類	「食事優待券(年2回)」(100～299株3000円分、300株以上5000円分) 「食事割引券(20%)」(株式数にかかわらず10枚)

こんな会社!

ヨシックスは本格職人握り寿司居酒屋「や台ずし」ほか、全品280円(税抜)と安い居酒屋「ニパチ」、お好み焼き・鉄板居酒屋の「や台や」、鮮魚刺身と鶏黒炭焼の「せんと」、串カツ居酒屋の「これや」などの居酒屋チェーンを全国展開している。

ヨシックス	株式コード 3221		
株価	3325円	単元株数	100株
優待の目安金額	33万2500円	権利確定月	3月、9月
URL	https://yossix.co.jp/		

小川の
ひと言

桑名駅前にあり、サラリーマンが入りやすく、元気のよい掛け声で迎えてくれる。18時頃には満席になることも多く、早めの利用や予約しておくのがベストだ。

吉野家　258号線桑名店

住所	桑名市江場676-1
電話	0594-27-0161
営業時間	8:00～25:00（土・日・祝日は24時間）
定休日	—

ココがお得！

牛丼の「吉野家」を国内外に展開する吉野家ホールディングスでは、保有株式数に応じて「吉野家」「はなまるうどん」「京樽」など系列店舗のほか、子会社のアークミールが経営する「ステーキのどん」「VOLKS　フォルクス」などで使える「優待券」が年2回もらえる（一部店舗では利用不可）。

優待の種類	「優待券（300円、年2回）」（100～999株10枚、1000～1999株20枚、2000株以上40枚）

こんな会社！

吉野家ホールディングスは、"早い、安い、うまい"がモットーの牛丼チェーン「吉野家」を全国展開するほか、セルフうどんの「はなまるうどん」や、持ち帰り寿司の「京樽」などをグループ展開している。

吉野家ホールディングス		株式コード	9861
株価	1949円	単元株数	100株
優待の目安金額	19万4900円	権利確定月	2月、8月
URL	https://www.yoshinoya-holdings.com/		

小川のひと言

市内に258号線桑名店のほか、名四長島店（桑名市長島町福吉516）がある。いずれも入りやすく私もよく利用する。

らーめん一刻魁堂　朝日店

住所　　　三重郡朝日町縄生345-1
電話　　　059-377-6000
営業時間　11：00〜24：00
定休日　　―

🎁 ココがお得！

「らーめん一刻魁堂」を展開するJBイレブンでは、同店のほかにグルメ杵屋グループ、元気寿司の国内店舗で利用できる「優待食事券」が保有株式数に応じてもらえる。他の割引サービスおよび割引券との併用は不可となっている。

優待の種類	「優待食事券（500円、年2回）」(100〜499株2枚、500〜999株10枚、1000〜1999株20枚、2000株以上30枚)

🏢 こんな会社！

醤油、味噌のほか、タンメンや台湾まぜそばなども味わえる「らーめん一刻魁堂」を展開するのはJBイレブン。東海4県（愛知・岐阜・三重・静岡）を中心に「一刻魁堂」のほか、麻婆豆腐と炒飯の専門店「ロンフーダイニング」などを展開しており、近年、関東や関西にも進出している。

JBイレブン	株式コード	3066		
株価		852円	単元株数	100株
優待の目安金額		8万5200円	権利確定月	3月、9月
URL	http://www.jb11.co.jp/			

小川の
ひと言

桑名から町屋橋を渡って四日市方面に向かって少し行ったところにある。独特の味わいのスープだが、私のお気に入りの味だ。お客様との商談にもよく利用するので店員とも親しく、私が座る席もほぼ決まっている。メニューの中では"さきがけしょうゆラーメン"の極太麺（麺の太さが選べる）がお勧め。濃い味のスープが太い麺によく絡んでおいしい。

ラーメン山岡家 桑名店

住所	桑名市和泉字ホノ割567
電話	0594-23-8610
営業時間	24時間
定休日	―

ココがお得!

「ラーメン山岡家」を展開する丸千代山岡家では、保有株式数に応じて450円から1250円のラーメンが食べられる「優待券」が年2回もらえる。また、「優待券」の代わりにお米と交換することも可能。なお、「優待券」は、「ラーメン山岡家」「極煮干し本舗」「極味噌本舗」で利用できる。

優待の種類	「優待券(450～1250円相当、年2回)」(100～499株2枚、500～999株4枚、1000株以上6枚)
	「米」(100～499株2kg、500～999株4kg、1000株以上6kg)

こんな会社!

札幌市に本社を置く丸千代山岡家は「ラーメン山岡家」などを全国展開している。醤油、味噌、塩のほか、特製味噌、辛味噌などお客の好みに幅広く対応している。また、煮干ラーメンの「極煮干し本舗」、味噌ラーメンの「極味噌本舗」など店舗数は100を超える。

丸千代山岡家	株式コード 3399		
株価	1551円	単元株数	100株
優待の目安金額	15万5100円	権利確定月	1月、7月
URL	https://maruchiyo.yamaokaya.com/		

小川の
ひと言

国道23号線沿いにある。一般車両も多いが、大型車がよく停まっている。私のおすすめは醤油ネギラーメン。

リンガーハット
イオンモール桑名店

住所	桑名市新西方1-22
電話	0594-25-8600
営業時間	10:00～21:00
定休日	―

🎁 ココがお得！

「リンガーハット」でもらえる「食事優待券」は「リンガーハット」の店舗だけでなく「濵かつ」などでも利用できる。また、近くに利用店舗がない場合は「食事優待券」と引き換えに同社製品を送ってもらうことも可能だ。ただし、その場合の最低交換枚数は「食事優待券」5枚以上となる。

優待の種類	「食事優待券(540円、年2回)」(100～299株2枚、300～499株7枚、500～999株12枚、1000～1999株25枚、2000株以上50枚)

※3年以上継続保有していると、100～999株で2枚、1000株以上で4枚追加される(年1回のみ)。

🏢 こんな会社！

リンガーハットは、長崎ちゃんぽんを手軽に味わえる店「リンガーハット」と、とんかつ専門店「とんかつ濵かつ」を全国展開する企業だ。季節に応じた特別メニューや麺の量を1.5倍、2倍と選べることでも人気を呼んでいる。

リンガーハット	株式コード 8200		
株価	2477円	単元株数	100株
優待の目安金額	24万7700円	権利確定月	2月、8月
URL	http://www.ringerhut.co.jp/		

小川のひと言　イオンモール桑名の中にある。フードコートの中でも利用している人が多い。

飲食店／スーパーマーケット／コンビニエンスストア／衣料品／ドラッグストア／家電量販店／その他

和食麺処サガミ 桑名店

住所	桑名市大字江場字中野664-1
電話	0594-22-9655
営業時間	11:00〜24:00
定休日	—

ココがお得!

「和食麺処サガミ」を展開するサガミホールディングスでは、100株から999株までは「20%割引券」が保有株式数によってもらえるほか、1000株以上保有している株主には年間3万円分の「優待食事券」がもらえる。「優待食事券」には1回の利用額制限はないが、1枚につき割引上限が3000円となっている。

優待の種類	「20%割引券(年2回)」(100〜499株2枚、500〜999株5枚) 「優待食事券(1万5000円、年2回)」(1000株以上)

こんな会社!

そばや味噌煮込みうどんが味わえる「和食麺処サガミ」を展開するサガミホールディングスは、東海地方を中心に独自のチェーン展開を行っている。同店舗のほか、手延べうどんにこだわる「味の民芸」、カジュアルな和食麺類の「団欒食堂あいそ家」、会席料理の「さがみ庭」など、国内外に260店舗以上を展開している。

サガミホールディングス	株式コード	9900	
株価	1382円	単元株数	100株
優待の目安金額	13万8200円	権利確定月	3月、9月
URL	https://www.sagami-holdings.co.jp/		

小川のひと言: 国道258号線沿い、桑名警察署近くにある店に行くことが多い。個室もあって、友人やお得意様と話をしながら飲食するのに便利。1年を通してよく出るメニューは「ざるそば」とのこと。夜のメニューでは「手羽先」がお勧めだ。

イオンモール桑名

住所	桑名市新西方1-22
電話	0594-24-5555
営業時間	1F（9:00～22:00）、2F・3F（10:00～21:00）、食品売場（8:00～22:00）、専門店街（10:00～21:00）
定休日	―

🎁 ココがお得！

「イオンモール」では、日本全国で展開するイオンモールをはじめ、イオングループ各店で利用可能な「イオンギフトカード」のほか、「カタログギフト」のいずれかが保有株式数に応じてもらえる。ほかに「カーボンオフセットサービスの購入」ができる。また、1000株以上を3年以上保有していると「イオンギフトカード」が保有株式数に応じてプラスされる。

※カーボンオフセットとは、カーボン（二酸化炭素などの温室効果ガス）をオフセット（打ち消す）という意味。この優待品を選択すると、優待相当額分の二酸化炭素排出権が取得され、取得された排出権は日本の国別登録簿の償却口座に無償で移転される。

優待の種類	「イオンギフトカード」「カタログギフト」「カーボンオフセットサービスの購入」（100～499株3000円分、500～999株5000円分、1000株以上1万円分）

🏢 こんな会社！

「イオンモール」はイオングループの中核企業で、大規模地域開発及びショッピングモール開発と運営を行っている。傘下には「ミニストップ」や「マックスバリュ」「いなげや」「ウエルシア」「ウェルパーク」などがあり、「イオン銀行」も経営している。国内外に200店舗以上を展開。

イオンモール	株式コード 8905		
株価	2041円	単元株数	100株
優待の目安金額	20万4100円	権利確定月	2月
URL	http://aeonmall.com/		

小川の ひと言: イオンとイオンモールは同系列なので株主優待も共通で利用できる。

飲食店 スーパーマーケット コンビニエンスストア 衣料品 ドラッグストア 家電量販店 その他

スーパーセンターオークワ いなべ店

住所	いなべ市大安町石榑東1928−1
電話	0594−78−4130
営業時間	9:00〜23:00
定休日	―

🎁 ココがお得!

「スーパーセンターオークワ」を経営するオークワでは、オークワおよびオークワグループ各店で利用できる「商品券」が保有株式数に応じてもらえる。店舗のない県に住む株主は同額の「ギフト券」と変更できる(2019年2月より新制度適用)。

優待の種類	「商品券」(100〜999株500円分、1000〜1999株3000円分、2000株以上5000円分)

🏢 こんな会社!

オークワは昭和34(1959)年に和歌山県で生まれたスーパーマーケットチェーン。近畿エリアと東海エリアに店舗を展開し、1府7県でショッピングセンターをはじめスーパーマーケットなど160店舗を展開しているほか、中華料理の「大阪王将」や書籍・CD・DVD・文具雑貨等の販売及びレンタルを手掛ける「オー・エンターテイメント」なども運営している。

オークワ	株式コード 8217		
株価	1248円	単元株数	100株
優待の目安金額	12万4800円	権利確定月	2月
URL	https://www.okuwa.net/corpo/		

小川のひと言

桑名市の隣・いなべ市大安町にある。地域住民の方々がよく利用している。

マックスバリュ 桑名新西方店

住所	桑名市新西方7-22 イオンタウン桑名新西方内
電話	0594-25-1626
営業時間	7:00～23:00
定休日	―

🎁 ココがお得!

マックスバリュ中部では、保有株式数に応じて1000円以上の買い物につき、1000円ごとに1枚使える「優待券」がもらえる。「優待券」は「マックスバリュ」や「ミセスマート」など直営店のほか、全国の「イオン」「イオンスーパーセンター」「まいばすけっと」「ピーコックストア」などでも使えるので大変便利だ。また、「優待券」の代わりに商品との交換もできる。

優待の種類	「優待券(100円)」(100～999株50枚、1000～1999株100枚、2000～4999株200枚、5000株以上250枚)

※100～999株は2880円相当の、1000株以上は5760円相当の商品と交換もできる(価格はいずれも税込)。

🏢 こんな会社!

マックスバリュ中部は、愛知県・岐阜県・三重県・滋賀県でスーパーマーケットを展開。イオングループの中部圏を担うスーパーマーケットチェーンとして、愛知・岐阜・三重・滋賀でのシェアを拡大し、更なる飛躍を目指している。

マックスバリュ中部	株式コード 8171		
株価	1553円	単元株数	100株
優待の目安金額	15万5300円	権利確定月	2月
URL	https://www.mv-chubu.co.jp/		

小川の ひと言

桑名市のほかに、隣のいなべ市阿下喜にもある。地域住民の方々が買い物に訪れている。

ミニストップ　桑名インター店

住所	桑名市大字蓮花寺字皿ヶ谷1598-1
電話	0594-23-2010
営業時間	24時間
定休日	―

🎁 ココがお得！

保有株式数に応じて国内の「ミニストップ」全店で使用できる「ソフトクリーム無料券」および「コーヒーSサイズ無料券」がもらえる。「ソフトクリーム無料券」は現在ミニストップで販売している各ソフトクリーム商品、各カップソフト商品（ハロハロ・パフェ除く）が対象となる。

優待の種類	「ソフトクリーム無料券Ⓐ」「コーヒーSサイズ無料券Ⓑ」（100～199株Ⓐ5枚、200～999株Ⓐ5枚Ⓑ3枚、1000株以上Ⓐ20枚Ⓑ3枚）

🏢 こんな会社！

「ミニストップ」はイオングループのコンビニエンスストアチェーン。ほかのコンビニよりもファストフードが強いのが特徴で、「コンボストア」と称するイートインコーナーで揚げたてのポテトやチキン、フランクフルトのほか、ソフトクリーム、パフェ、かき氷デザート（ハロハロ）などを食べることができる。

ミニストップ 株式コード 9946			
株価	2072円	単元株数	100株
優待の目安金額	20万7200円	権利確定月	2月、8月
URL	https://www.ministop.co.jp/		

小川のひと言　市内にはほかに桑名はりま店（桑名市播磨3166）、桑名多度柚井店（桑名市多度町柚井205）、桑名星見ケ丘店（桑名市星見ケ丘3-103）などがあり、私もよく利用する。

AOKI 桑名店

住所	桑名市新西方2-98
電話	0594-23-2941
営業時間	10:00～20:00
定休日	―

ココがお得!

AOKIホールディングスでは、株式保有数に応じて「AOKI」「ORIHICA」「アニヴェルセルカフェ」「コート・ダジュール」「快活CLUB」での商品購入や飲食に使える「優待券(20%割引)」(アニヴェルセルカフェは10%割引)、あるいは、アニヴェルセル各店で使える「婚礼10万円割引券」がもらえる。

優待の種類	「優待券(20%割引)、年2回」(AOKI、ORIHICA、アニヴェルセルカフェは100～999株5枚、1000株以上10枚。コート・ダジュール、快活CLUBは100～999株10枚、1000株以上30枚)

こんな会社!

ファッション事業の「AOKI」を全国展開するのがAOKIホールディングス。他に、ビジネスカジュアルの「ORIHICA」や、表参道、豊洲など全国に14施設ある結婚式場の「アニヴェルセル」「アニヴェルセルカフェ」のほかに、南仏風のリゾート気分が楽しめるカラオケの「コート・ダジュール」、コミック&インターネットカフェ(漫画喫茶)の「快活CLUB」なども運営している。

AOKIホールディングス	株式コード 8214		
株価	1465円	単元株数	100株
優待の目安金額	14万6500円	権利確定月	3月、9月
URL	http://www.aoki-hd.co.jp/		

小川のひと言: 市内新西方にあり、前身の服飾店「トリイ」と合併して「AOKI」となって約10年。20代のヤングからシニア層まで幅広い客層を持つ。レディーススーツも人気である。

アスビー
イオンモール桑名店

住所	桑名市新西方1-22 イオンモール桑名2F
電話	0594-25-8064
営業時間	10:00～21:00
定休日	―

🎁 ココがお得!

シューズショップの「アスビー」を展開するジーフットでは、保有株式数に応じて商品購入時に使える「優待券」がもらえる。「優待券」はジーフットが運営する各店舗で利用できる。1回の利用額には制限がなく、家族での利用も可能だ。

優待の種類	「優待券(1000円、年2回)」(100～999株1枚、1000～1999株5枚、2000株以上10枚)

🏢 こんな会社!

人気ブランドの最新シューズなどが揃う「アスビー」を展開するジーフットは、2009年にツルヤ靴店とニューステップが合併して生まれた総合シューズショップ。「アスビー」のほか、家族向けの「アスビーファム」など幅広く展開している。

ジーフット　株式コード 2686

株価	752円	単元株数	100株
優待の目安金額	7万5200円	権利確定月	2月、8月
URL	http://www.g-foot.co.jp/		

小川の ひと言

イオンモール桑名にあるシューズ専門店。品揃えもよく、ビジネスシューズからスニーカーまで老若男女に人気である。

TAKA-Q 桑名店

住所	桑名市新西方1-22 イオンモール桑名1番街アンク専門店街2F
電話	0594-27-0703
営業時間	10:00～21:00
定休日	―

🎁 ココがお得！

タカキューは最低優待株数が500株となっている。保有株式数に応じて、商品と交換できる「優待券」がもらえる。「優待券」は「タカキュー」のほか、「セマンティックデザイン」「ウィルクス・バシュフォード」「エム・エフ・エディトリアル」や、大型サイズの専門店「グランバック」、靴の専門店「アラウンド・ザ・シューズ」などで利用できる。

優待の種類	「優待券」(500～999株2000円、1000～1499株4000円、1500～1999株6000円、2000～2499株8000円、2500株以上1万円)

🏢 こんな会社！

若者をメインターゲットにした紳士・婦人衣料品の専門店「タカキュー」を全国展開している。タカキューでは、カジュアルな服装からビジネスシーンまでさまざまなアイテムを扱っている。ほかに、大型サイズ衣料品の専門店なども展開している。

タカキュー	株式コード 8166		
株価	197円	単元株数	100株
優待の目安金額	9万8500円 (500株)	権利確定月	2月
URL	https://online.taka-q.jp/shop/		

小川のひと言: 桑名店のほか、イオンモール東員店（員弁郡東員町大字長深字築田510-1 イオンモール東員2F）もある。30代以上の客が多いようだが、比較的若者向けのおしゃれな商品の品揃えが多い。店員の対応もよく、私はいつも顔見知りの店員さんにコーディネートしてもらっている。

飲食店 | スーパーマーケット | コンビニエンスストア | 衣料品 | ドラッグストア | 家電量販店 | その他

はるやま 桑名店

住所	桑名市太夫西浦191-1
電話	0594-21-3102
営業時間	10:00～20:00
定休日	―

🎁 ココがお得!

はるやまホールディングスでは保有株式数に応じて「15％割引券」がもらえるほか、株式数に関係なく「ネクタイまたはワイシャツ・ブラウス贈呈券」がもらえる。ネクタイやシャツは消耗品だから何本(枚)あっても助かるし、スーツ買い換え時や就活前の子供がいる家庭では役立つ。

優待の種類	「15％割引券」(100～499株2枚、500～999株4枚、1000～2999株6枚、3000株以上10枚) 「ネクタイまたはワイシャツ・ブラウス贈呈券」(100株以上1枚)

🏢 こんな会社!

郊外型紳士服専門店「はるやま」を全国展開するはるやまホールディングスは、スーツを中心に商品開発・販売を行っている。主な店舗には「はるやま」のほか、若者向けの「P.S.FA(パーフェクトスーツファクトリー)」や大きいサイズの専門店「フォーエル」などがある。

はるやまホールディングス	株式コード	7416	
株価	896円	単元株数	100株
優待の目安金額	8万9600円	権利確定月	3月
URL	http://www.haruyama.co.jp/		

小川のひと言

この地域では歴史があり、桑名に大手洋服店がなかった時代からの店舗である。はるやまで思い出すのは、優待券を紛失した時のことだ。仕方なく本社IRセンターに電話し、優待券をなくしたことを告げると、「もう一度送ります」という回答をいただいた。これには驚くと同時にとても感謝した。その優待券でネクタイと交換したのだが、後日、紛失したと思っていた優待券が見つかり、あわてて返却した。

ファッションセンターしまむら 東方店

住所	桑名市大字東方字尾弓田957-2
電話	0594-27-3631
営業時間	10:00～19:00
定休日	―

ココがお得!

「ファッションセンターしまむら」を展開するしまむらでは、保有株式数に応じて、グループ各店舗で1枚につき1000円の商品券として使える「買物券」がもらえる。

優待の種類	「買物券(1000円)」(100～999株2枚、1000～2999株4枚、3000～4999株6枚、5000株以上10枚)

こんな会社!

しまむらは、郊外を中心に女性をメインターゲットにした低価格の商品が揃う「ファッションセンターしまむら」を全国に約1400店舗展開しているほか、ジーンズを中心としたカジュアルファッションの「アベイル」、ベビー・子供服洋品の「バースデイ」、雑貨専門店「シャンブル」、靴専門店「ディバロ」などを運営。

しまむら	株式コード 8227		
株価	9640円	単元株数	100株
優待の目安金額	96万4000円	権利確定月	2月
URL	https://www.shimamura.gr.jp/		

小川の ひと言

市内東方に1店舗ある。老若男女に合う低価格の商品が揃うので人気が高い。

洋服の青山
桑名サンシパーク店

住所	桑名市大字大仲新田44
電話	0594-31-6320
営業時間	10:00～20:00
定休日	無休

🎁 ココがお得！

青山商事では、保有株式数に応じて「優待割引券（15％）」がもらえる。割引券は「洋服の青山」のほか、「ザ・スーツカンパニー」、カジュアルウェアの「キャラジャ」、および「アメリカンイーグルアウトフィッターズ」などで利用できる。

優待の種類	「優待割引券（15％、年2回）」(100～999株3枚、1000～2999株4枚、3000株以上5枚)

🏢 こんな会社！

紳士婦人服販売チェーン「洋服の青山」や若者をターゲットにした「ザ・スーツカンパニー」、リユースショップの「セカンドストリート」などを展開するのが青山商事。業界で唯一、47都道府県全てに店舗を展開している最大手。ギネスブックから「スーツ販売着数世界一」の認定を受けているのも話題だ。

青山商事	株式コード	8219		
株価		2848円	単元株数	100株
優待の目安金額		28万4800円	権利確定月	3月、9月
URL		http://www.aoyama-syouji.co.jp/		

小川のひと言　市内にはほかにイオンモール桑名店（桑名市新西方1-22 イオンモール桑名1番街）がある。アダルト、シニア層に人気があり、午前中の来店客も多い。また、レディースの品ぞろえが多いのも特徴。

クスリのアオキ 江場店

住所　　桑名市大字江場1316-1
電話　　0594-41-2370
営業時間　9:00～22:00
定休日　　—

🎁 ココがお得！

クスリのアオキホールディングスでは、利用金額の5％が割引される「株主優待カード」（調剤、商品券、タバコ、ハガキ、切手、雑誌などは割引対象外）か、保有株式数に応じた金額相当分の菓子の詰め合わせやレトルトカレーの詰め合わせなど「地方名産品」のどちらかが選択できる。

優待の種類	「株主優待カード（5％割引）」(100株以上) 「地方名産品」(100～499株2000円相当、500～999株3000円相当、1000株以上5000円相当)

🏢 こんな会社！

クスリのアオキホールディングスは、石川・富山・福井を中心に新潟や長野のほか、中部・北関東にもドラッグストアを展開している。「健康と美と衛生を通しての社会貢献」という経営理念に基づき、医薬品や化粧品のほか、日用雑貨や食品、小物衣料など豊富な品揃えを誇る。

クスリのアオキホールディングス		株式コード	3549
株価	8400円	単元株数	100株
優待の目安金額	84万円	権利確定月	5月
URL	https://www.kusuri-aoki-hd.co.jp/		

小川のひと言　ここ数年で桑名市内に次々と出店しており、江場店のほかに西別所店（桑名市大字西別所879-1）がある。私の家の近くにもできて、買い物がしやすくなって重宝している。

飲食店　スーパーマーケット　コンビニエンスストア　衣料品　**ドラッグストア**　家電量販店　その他

ココカラファイン
サンシパーク桑名店

住所	桑名市大仲新田字新井水下84-1
電話	0594-33-1238
営業時間	9:00～21:00
定休日	―

🎁 ココがお得！

ドラッグストア業界では店舗数で第4位、売上高で第7位（2018年日本チェーンドラッグストア協会調べ）の規模となっている「ココカラファイン」では、保有株式数に応じてグループ各店舗で利用できる「買い物優待券」、あるいは同等額の「ギフトカタログ」がもらえる。

優待の種類	「買い物優待券」(100～499株2000円分、500～999株3000円分、1000株以上5000円分) 「ギフトカタログ」(100～499株2000円分、500～999株3000円分、1000株以上5000円分)

🏢 こんな会社！

「ココカラファイン」は、平成20（2008）年に大阪市のセガミメディクスと東京のセイジョーが経営統合して生まれた会社。ドラッグストア事業と調剤薬局事業を中核に健康関連サービスを提供しており、日本全国に1300店舗超を展開している。

ココカラファイン	株式コード 3098		
株価	6480円	単元株数	100株
優待の目安金額	64万8000円	権利確定月	3月
URL	https://corp.cocokarafine.co.jp/		

小川の
ひと言

サンシパーク桑名店のほか、大山田店（桑名市松ノ木3-8）がある。支払いの際にレジでクーポンがもらえることがあるのも嬉しい。

マツモトキヨシ
イオンモール桑名店

住所	桑名市新西方1-22 イオンモール桑名1番街アンク専門店街1F
電話	0594-25-8040
営業時間	10:00～21:00
定休日	無休

ココがお得！

ドラッグストアの「マツモトキヨシ」を全国展開するマツモトキヨシホールディングスでは、保有株式数に応じて「商品券」がもらえる。「商品券」は「マツモトキヨシ」のほか、「Medi＋マツキヨ」、ビューティ＆コスメショップ「H&B Place」や「ミドリ薬品」「くすりのラブ」などグループ店舗で使える。ただし、医療機関で処方される処方薬には利用できない。

優待の種類	「商品券（500円、年2回）」（100～499株2000円分、500～999株3000円分、1000株以上5000円分）

こんな会社！

マツモトキヨシホールディングスは、"マツキヨ"の愛称で親しまれている「マツモトキヨシ」などを全国展開している。平成7（1995）年にはドラッグストア売上高No.1となり、現在、日本全国に700店舗以上を展開している。

マツモトキヨシホールディングス	株式コード	3088	
株価	4215円	単元株数	100株
優待の目安金額	42万1500円	権利確定月	3月、9月
URL	http://www.matsumotokiyoshi-hd.co.jp/		

小川の
ひと言

イオンモール桑名にあるほか、三井アウトレットパークジャズドリーム長島店（桑名市長島町浦安368）がある。

エディオン 桑名店

住所	桑名市東方福島前777
電話	0594-22-2277
営業時間	10:00〜21:00
定休日	—

🎁 ココがお得!

エディオンでは、保有株式数に応じて「エディオン」各店舗のほか、子会社の家電量販店「100満ボルト」の店舗(フランチャイズ店舗含む)、およびインターネットショッピングサイト「エディオンネットショップ」で利用できる「優待券」がもらえる。なお、利用は1000円(税込)ごとに1枚で、1回の利用は最大200枚までとなっている。

優待の種類	「優待券(250円)」(100〜499株12枚、500〜999株40枚、1000〜1999株60枚、2000〜4999株80枚、5000〜9999株100枚、1万株以上200枚)

🏢 こんな会社!

家電量販店のエディオンは、平成14(2002)年3月に中国、四国、九州地方を地盤とするデオデオと中部地方を地盤とするエイデンの持株会社として誕生。その後、数社が加わり、これまで、「イシマル」「エイデン」「ミドリ」「デオデオ」の名称でそれぞれ展開してきたが、平成24(2012)年10月以降、「エディオン」が全国統一ブランドとなった。全国に約1200店舗を運営している。

エディオン	株式コード 2730		
株価	1248円	単元株数	100株
優待の目安金額	12万4800円	権利確定月	3月
URL	https://www.edion.co.jp/		

小川の ひと言

桑名市東方にある。大型家電などはここで買っている。店員の対応も良いので助かる。

テックランド 桑名店

住所	桑名市大仲新田335-2
電話	0594-33-2105
営業時間	10:00～21:00
定休日	―

ココがお得!

ヤマダ電機では保有株式数に応じてヤマダ電機での買い物に使える「優待券」がもらえる。「優待券」は、利用金額1000円(税込)ごとに1枚使える。また、1年以上継続保有していると3月時点で3枚、9月時点で1枚、2年以上保有していると3月時点で4枚、9月時点で1枚追加される。

優待の種類	「優待券(500円、年2回)」(100～499株6枚、500～999株10枚、1000～9999株20枚、1万株以上100枚)

※3月と9月の基準日ではもらえる枚数が違うが、ここでは合計枚数を表示。

こんな会社!

ヤマダ電機は昭和48(1973)年に群馬県でスタートし、現在、家電量販店としては売上シェアNo1で、唯一全国47都道府県の全てに店舗を持つ最大手。「テックランド」のほかに、都市型大規模店舗「LABI(ラビ)」、携帯電話などを扱う小規模店舗「ヤマダモバイル」といった業態の店舗を展開している。

ヤマダ電機	株式コード 9831		
株価	549円	単元株数	100株
優待の目安金額	5万4900円	権利確定月	3月、9月
URL	http://www.yamada-denki.jp/		

小川の
ひと言

市内の大仲新田にある。知人が働いていることもあり、私もよく利用している。

イエローハット
桑名サンシパーク店

住所	桑名市大仲新田新井水上128
電話	0594－33－1680
営業時間	10：00〜19：30（月〜土）、10：00〜19：00（日）
定休日	－

🎁 ココがお得！

イエローハットでは、保有株式数に応じて全国の「イエローハット」「2りんかん」「SOX（ソックス）」の各店舗、および「イエローハット車検センター」で利用できる「割引券（300円）」がもらえる。1回の利用金額1000円（税込）ごとに1枚使える。

優待の種類	「割引券（300円、年2回）」(100〜999株10枚、1000〜2999株25枚、3000〜4999株40枚、5000株以上50枚)

🏢 こんな会社！

黄色いカウボーイハットのロゴマークで有名な「イエローハット」は、カー用品の販売のほか、車検、オイル交換、鈑金・塗装、ボディコーティングまで扱っており、現在、国内外に700店舗以上を展開している。

イエローハット	株式コード 9882		
株価	2983円	単元株数	100株
優待の目安金額	29万8300円	権利確定月	3月、9月
URL	http://www.yellowhat.jp/		

小川のひと言

市内には大仲新田サンシパーク内にある。

オートバックス 桑名店

住所	桑名市大仲新田字屋敷319-27
電話	0594-33-2288
営業時間	10:00～19:30（月～土）、10:00～19:00（日・祝日）
定休日	―

🎁 ココがお得！

オートバックスセブンでは、保有株式数と保有年数に応じて日本国内のオートバックスグループ各店で利用できる「ギフトカード」がもらえる（保有期間1年未満の株主は対象外）。ただし、燃料・車両・保険・税金・飲食・タバコなどに使えないほか、インターネット通販でも使えない。

優待の種類	「ギフトカード（年2回）」(100～299株1000円分、300～999株で3年未満5000円分、300～999株で3年以上8000円分、1000株以上で3年未満1万円分、1000株以上で3年以上1万3000円分)

🏢 こんな会社！

オートバックスセブンは、「オートバックス」や大型店の「スーパーオートバックス」などを全国展開しているカー用品店最大手で、カー用品の卸売および小売、車検・整備、車両買取・販売、板金・塗装などを手掛けている。小売店舗は国内600店以上。

オートバックスセブン 株式コード 9832			
株価	1736円	単元株数	100株
優待の目安金額	17万3600円	権利確定月	3月、9月
URL	https://www.autobacs.com/		

\小川の ひと言/

桑名店のほか、隣町に三重朝日店（三重郡朝日町小向686-2）がある。優待制度が変わり、金額も多くなった。

縦書き見出し: 飲食店 / スーパーマーケット / コンビニエンスストア / 衣料品 / ドラッグストア / 家電量販店 / その他

オリックスレンタカー 桑名店

住所	桑名市大福字寺跡382-1
電話	0594-88-5601
営業時間	9:00～19:00
定休日	—

🎁 ココがお得！

「オリックスレンタカー」を運営するオリックス自動車はオリックスグループの傘下。オリックスでは、100株以上の株を所有しているとホテルや野球観戦、水族館、カーリースやレンタカーなどの料金で割引が受けられる「株主カード」がもらえる。また、商品カタログから好きな商品を1点選ぶこともできる（保有年数によってコースが違う）。

優待の種類	「株主カード（年2回）」（100株以上1枚） 「ふるさと優待」（カタログギフトの中から好きな商品を1点選べる。100株以上3年未満と3年以上で商品が異なる）

🏢 こんな会社！

オリックスはパソコンやコピー機などのリースをはじめ不動産、銀行、生命保険、クレジット、ベンチャーキャピタルなど多角的金融サービス業を提供しているほか、ホテルや旅館、レジャー施設も展開。プロ野球チーム（オリックス・バファローズ）も所有している。

オリックス　株式コード 8591

株価	1839.5円	単元株数	100株
優待の目安金額	18万3950円	権利確定月	3月、9月
URL	https://www.orix.co.jp/grp/		

小川のひと言　平成26（2014）年に桑名市内大福にオープンした。鈴与ホールディングスグループの鈴与レンタカーが運営している。

近畿日本鉄道 桑名駅

住所	桑名市大字東方97
電話	0594－22－0045
営業時間	―
定休日	―

🎁 ココがお得！

「近畿日本鉄道」では、保有株式数に応じて片道運賃が無料になる「近鉄沿線招待乗車券」や「優待乗車券」、電車・バス全線が無料になる「優待乗車証」がもらえる（葛城山ロープウェイとバスの一部路線を除く）。また、保有株式数に関係なく、近鉄沿線施設が割引になる「優待券」がもらえる。

優待の種類	「近鉄沿線招待乗車券（年2回）」(100株以上4枚) 「優待乗車券（年2回）」(1000～1999株4枚、2000～2999株8枚、3000～3999株12枚、4000～5099株16枚) 「優待乗車証（年2回）」(5100～1万4999株1枚、1万5000～2万9999株2枚、3万～4万9999株3枚、5万～9万9999株4枚、10万～99万9999株5枚、100万株以上10枚) 「優待券（年2回）」(近鉄沿線施設やゴルフ場などが割引となる)

🏢 こんな会社！

近鉄グループホールディングスの子会社・近畿日本鉄道は、大阪府、奈良県、京都府、三重県、愛知県の2府3県にまたがる路線網を持つ大手私鉄。私鉄の中では最長の路線網を持つ。沿線には伊勢志摩など人気スポットもあり、また、「伊勢志摩ライナー」や「しまかぜ」など個性あふれる特急列車も話題を呼んでいる。

近鉄グループホールディングス	株式コード 9041		
株価	4730円	単元株数	100株
優待の目安金額	47万3000円	権利確定月	3月、9月
URL	https://www.kintetsu-g-hd.co.jp/		

小川のひと言

いつも利用している私の主要鉄道で、なくてはならない存在である。

ゲオ 桑名七和店

住所	桑名市大字大仲新田533−1
電話	0594−33−3580
営業時間	9：00〜25：00
定休日	無休

🎁 ココがお得！

「ゲオ」を展開するゲオホールディングスでは、DVDやブルーレイ、CD、コミックをレンタルする際に使用できる「レンタル商品50％割引」と、リユース店の「セカンドストリート」「ジャンブルストア」「スーパーセカンドストリート」で使える2000円相当の「割引券」がもらえる。

優待の種類	「レンタル商品50％割引」(100株以上) 「リユース割引券（2000円）」(100株以上)

🏢 こんな会社！

ゲオホールディングスは、DVDやCD、ゲームソフトなどのアミューズメントソフトの販売・レンタルやリサイクルを行っているほか、中古の衣料品などの売買を行う「セカンドストリート」「ジャンブルストア」「スーパーセカンドストリート」、中古携帯・スマホを取り扱う「ゲオモバイル」、ゲームセンターの「ウェアハウス」などを全国展開している。

ゲオホールディングス	株式コード 2681		
株価	1911円	単元株数	100株
優待の目安金額	19万1100円	権利確定月	3月、9月
URL	https://www.geonet.co.jp/		

小川の
ひと言

市内に桑名七和店と隣町に朝日町店（三重郡朝日町大字小向317−1）とがある。DVDなどはここで借りている。

三洋堂書店　桑名店

住所	桑名市大字東方字福島前764
電話	0594－27－7734
営業時間	10：00～24：00
定休日	無休

ココがお得！

「三洋堂書店」を運営する三洋堂ホールディングスでは、株式保有数に応じて「優待カード」がもらえる。新品の販売、中古品の販売、レンタルのそれぞれで利用できる。レンタルの各種クーポンとの併用が可能。また、1年以上継続していると「図書カード」がもらえる。

優待の種類	「優待カード」(100～199株レンタル20％割引、販売2％割引、200～999株レンタル30％割引、販売3％割引、1000～1999株レンタル40％割引、販売4％割引、2000～9999株レンタル50％割引、販売5％割引、1万株以上レンタル60％割引、販売6％割引) 「図書カード」(100株以上1年以上保有で年間2000円、200株以上1年以上保有で年間4000円)

こんな会社！

三洋堂ホールディングスは「三洋堂書店」の名で書籍をはじめ文具、CD・DVD、古本の販売や音楽ソフト、コミックのレンタルなどをしている書店チェーン。東海地方を中心に近畿地方のほか、関東にも店舗網を広げており、80店舗以上を展開中。

三洋堂ホールディングス	株式コード	3058	
株価	966円	単元株数	100株
優待の目安金額	9万6600円	権利確定月	3月、9月
URL	http://www.sanyodohd.co.jp/		

小川のひと言　市内には桑名店と星川店（桑名市大字星川字十二899）があり、隣町・いなべ市に北勢店（いなべ市北勢町阿下喜3326）がある。本はほとんど三洋堂で購入しており、私にはなくてはならない書店である。

スポーツデポ 桑名店

住所	桑名市大字桑名太一丸687-1
電話	0594-24-9222
営業時間	10:00～21:00
定休日	―

🎁 ココがお得!

「スポーツデポ」を展開するアルペンでは、「スポーツデポ」「アルペン」「ゴルフ5」などの店舗のほか、同社が運営するフィットネスクラブ、スキー場およびゴルフ場、ゴルフ練習場などの各種施設で利用できる「優待券」が保有株式数に応じてもらえる。

優待の種類	「優待券(年2回)」(100～499株2000円相当、500～999株5000円相当、1000株以上7500円相当)

🏢 こんな会社!

「スポーツデポ」や「アルペン」「ゴルフ5」などを全国に約430店舗展開しているアルペンは、スキー用品およびゴルフ・テニス・マリン・野球用品など各種スポーツ用品を販売している企業。ほかに、レジャー用品の商品開発・販売やスキー場・ゴルフ場・フィットネスクラブなどを経営している。

アルペン	株式コード 3028		
株価	1947円	単元株数	100株
優待の目安金額	19万4700円	権利確定月	6月、12月
URL	https://www.alpen-group.jp/		

小川の ひと言

市内太一丸にある。知人が働いており、スポーツ用品で必要なものがある場合には、まず相談している。

三重交通

住所	津市中央1-1
電話	059-229-5511
営業時間	―
定休日	―

🎁 ココがお得!

三重交通グループホールディングスでは、保有株式数に応じて「三重交通」の「共通路線バス乗車券」や「全線乗車証」がもらえるほか、グループ企業の「三交不動産」のリフォーム工事などの「優待割引券」がもらえたりする。さらに、東急ハンズ名古屋店・ANNEX店などを運営する「三交クリエイティブ・ライフ」「三交シーエルツー」の「優待カード」がもらえたり、グループのホテルの宿泊料金優待割引券がもらえたりするなど多岐にわたる優待が受けられる。

優待の種類	「共通路線バス乗車券(年2回)」(100～999株2枚、1000～9999株4枚、1万～2万3999株15枚) 「全線乗車証(年2回)」(2万4000株以上)

🏢 こんな会社!

"三交"の名で親しまれている「三重交通」は近鉄グループに属する三重交通グループホールディングスの完全子会社。三重県全域と愛知県、和歌山県、奈良県の一部で乗合バス事業と長距離高速バス、中部国際空港との空港連絡高速バスなどを運営。三重交通グループホールディングスは運輸・不動産・流通・レジャー・サービスなど幅広く手掛けている。

三重交通グループホールディングス	株式コード	3232	
株価	614円	単元株数	100株
優待の目安金額	6万1400円	権利確定月	3月、9月
URL	http://www.sanco.co.jp/		

小川のひと言: 地元路線バスの運行からロープウェイ、鳥羽シーサイドホテルなど多角的に運営している。伊勢・鳥羽や名古屋、大阪、神戸、さらには東京や神奈川、埼玉と桑名を結ぶ便もある。私はよくホテル「三交イン」を利用している。

ラウンドワンスタジアム みえ・川越IC店

住所	三重郡川越町大字南福崎851－1
電話	059－361－2130
営業時間	10：00～翌6：00（月～木）、10：00～終日（金・祝前日）、24時間（土）、～翌6：00（日・祝日）
定休日	―

🎁 ココがお得！

ラウンドワンでは、保有株式数に応じて投げ放題のボウリングの料金が200円割引されたり、カラオケがフリータイム料金より150円割引されたりするクラブカードと交換できる「引換券」や、精算金額より500円が値引きされる「割引券」がもらえる（精算金額が1人当たり1000円以上の場合のみ）。また、初心者向け健康ボウリング教室などの「優待券」がもらえる。

優待の種類	「クラブカード引換券（年2回）」（100株以上2枚） 「500円割引券（年2回）」（100～499株4枚、500株以上8枚） 「初心者向け健康ボウリング教室・ボウリングレッスン優待券（年2回）」（100株以上1枚）

🏢 こんな会社！

ラウンドワンは、ボウリングやゲーム、カラオケなどのほか、ビリヤード、卓球などのスポーツアミューズメントを中心とした複合レジャー施設の運営を行っている会社で、国内に100を超える店舗を運営している。

ラウンドワン	株式コード	4680		
株価		1260円	単元株数	100株
優待の目安金額		12万6000円	権利確定月	3月、9月
URL		http://www.round1.co.jp/		

小川のひと言

国道23号線を西へ行った隣町の川越町にある。カラオケのほかにボウリング設備もあり、幅広い世代に人気である。

おわりに

　さて、ここまで拙著をお読みいただきまして、誠にありがとうございました。

　私の人生を豊かなものにしてくれた町・桑名に恩返しがしたいと考えて生まれたのがこの本です。鶴の恩返しならぬ小川の恩返しだったわけですが（笑）、どんなご感想をお持ちになられたでしょうか。
　ただ桑名を紹介するだけでは芸がないと思い、株主優待の大先輩である"桐谷さん"こと桐谷広人さんに学んで、株主優待を満喫しつつ、歴史と伝統ある町・桑名にもっとたくさんの人が来てほしいと考えた次第です。
　実際、ナガシマリゾートやなばなの里には国内外からたくさんの観光客がやって来ていますが、それ以外の場所への国内外からの観光客はまだまだ少ないようです。
　世界的にも有名な六華苑が、唯一気を吐いていると言っても過言ではないかもしれませんが……。

　本書でも紹介しましたように、江戸時代には「伊勢参りをしたら多度大社にも寄らないと片参り」とまで言われていたそうです。それに倣うならば、現代でも、伊勢神宮に行ったら帰りに桑名に寄って、桑名の名所旧跡や

祭を楽しんでいただきたいと考えています。

　美味しい蛤ももっと食べに来ていただきたいと思います。その結果、もっともっと桑名が元気になってくれることを夢見ています。

　さて、この原稿を書いている時点では新しい元号が何になるのかは分かりませんが、2019年は平成が終わって新しい時代を迎えます。

　桑名駅も数年後には新しい駅舎ができますし、町自体が新時代を迎えてますます飛躍し、観光客もたくさんやって来てくださるならば、著者冥利に尽きるというものです。

　最後までお読みいただき、誠に有難うございました。
　この本を執筆するにあたり、『「桑名ふるさと検定」桑名のいろは―公式ガイドブック』（桑名商工会議所）をはじめ、各社のホームページやインターネットの情報を参考にさせていただきました。また、桑名の歴史等を教えていただいた桑名市観光文化課の方、取材に応じていただいた社長様方や店長様方、大変お忙しい中、誠にありがとうございました。この場を借りて厚く御礼申し上げます。
　出版にあたり、株式会社文芸社の方々にはご指導をいただき、誠にありがとうございました。

　　　　　　　　　　　　　　　　　　　小川　隆光

紹介先一覧（50音順）

AOKI 桑名店
アスビー イオンモール桑名店
あみやき亭 桑名江場店
イエローハット 桑名サンシパーク店
イオンモール桑名
いきなりステーキ 三重川越店
伊藤鉉鋳工所
魚重楼
エディオン 桑名店
オートバックス 桑名店
オリックスレンタカー 桑名店
廻転すし 海へ 桑名店
貝増商店
柿安 料亭本店
ガスト 桑名店
かっぱ寿司 桑名店
かぶら煎餅本舗
カレーハウスCoCo壱番屋 桑名国一店
九華公園
近畿日本鉄道 桑名駅
銀のさら 桑名店
クスリのアオキ 江場店
桑名城城壁
桑名宗社（春日神社）
薫風バラ園
ゲオ 桑名七和店
幸楽苑 桑名店

ココカラファイン サンシパーク桑名店
ココス 桑名店
珈琲ホリ
コメダ珈琲店 桑名中央通店
サーティワンアイスクリーム アピタ桑名店
サイゼリヤ 桑名店
サンマルクカフェ イオンモール東員店
三洋堂書店 桑名店
七里の渡し跡
ジョイフル 三重員弁店
ジョリーパスタ 三重川越店
瑞宝志ぐれ
スーパーセンターオークワ いなべ店
すき家 １国桑名店
スシロー 桑名店
ステーキ宮 桑名店
スポーツデポ 桑名店
TAKA-Q 桑名店
多度大社
テックランド 桑名店
トヤオ工務店
長島温泉 湯あみの島
ナガシマカントリークラブ
ナガシマスパーランド
ナガシマリゾート
名古屋アンパンマンミュージアム＆パーク
なばなの里
花乃舎
はまぐりプラザ

紹介先一覧（50音順）

蛤料理 日の出
はるやま 桑名店
美鹿山荘
ファッションセンターしまむら 東方店
PRECIOUS BUFFET イオンモール東員店
ブロンコビリー 桑名大山田店
ほっともっと 桑名江場店
マクドナルド 桑名並木通り店
マックスバリュ 桑名新西方店
マツモトキヨシ イオンモール桑名店
松屋 桑名店
丸亀製麺 桑名店
三重交通
三井アウトレットパーク ジャズドリーム長島
ミニストップ 桑名インター店
無添くら寿司 桑名店
モスバーガー ながしま店
諸戸氏庭園
安永餅本舗 柏屋
や台ずし 桑名駅前町店
洋服の青山 桑名サンシパーク店
吉野家 258号線桑名店
らーめん一刻魁堂 朝日店
ラーメン山岡家 桑名店
ラウンドワンスタジアム みえ・川越IC店
リンガーハット イオンモール桑名店
六華苑
和食麺処サガミ 桑名店

著者プロフィール

小川 隆光（おがわ たかみつ）

1952年、三重県生まれ。
1970年、桑名信用金庫に入社（2002年退社）。
2003年、大同生命保険桑名営業所に入社。
2018年度MDRT会員。

桑ナビ！　株主優待を使ってとことん楽しむ

2019年4月15日　初版第1刷発行

著　者　小川　隆光
発行者　瓜谷　綱延
発行所　株式会社文芸社
　　　　〒160-0022　東京都新宿区新宿1-10-1
　　　　　　　　電話　03-5369-3060（代表）
　　　　　　　　　　　03-5369-2299（販売）

印刷所　株式会社平河工業社

©Takamitsu Ogawa 2019 Printed in Japan
乱丁本・落丁本はお手数ですが小社販売部宛にお送りください。
送料小社負担にてお取り替えいたします。
本書の一部、あるいは全部を無断で複写・複製・転載・放映、データ配信することは、法律で認められた場合を除き、著作権の侵害となります。
ISBN978-4-286-20216-7